진짜 페미니스트는 없다

진짜 페미니스트는 없다
완벽한 페미니즘이라는 환상

ⓒ 이라영, 2018

초판 1쇄 펴낸날 2018년 7월 30일

지은이 이라영
펴낸이 이건복
펴낸곳 도서출판 동녘

등록 제311-1980-01호 1980년 3월 25일
주소 (10881) 경기도 파주시 회동길 77-26
전화 영업 031-955-3000 편집 031-955-3005 전송 031-955-3009
블로그 www.dongnyok.com **전자우편** editor@dongnyok.com

ISBN 978-89-7297-918-0 03330

완벽한 페미니즘이라는 환상

이라영

진짜 페미니스트는 없다

동녘

보편의 재구성

프랑스에 있을 때 아시아 여성으로서 이중의 대상화를 경험했다. 주변의 프랑스 남자들에게 이에 대해 비판하는 말을 종종 했었다. 그럴 때 간혹 이런 말을 하는 인간을 만난다. "여기가 그래도 이집트보다는 나아. 이집트는 얼마나 심한지 알아? 이집트는 이렇게 돌아다니기도 힘들어." 이렇게 여성에게는 이 정도면 얼마나 살기 좋은 줄 아냐고 '감히' 말하는 인간들이 수시로 등장한다. 한국에서 "조선시대 여자들을 생각해봐라"라고 말하듯이, 옛날에 비해 혹은 더 성차별적인 다른 나라에 비해 '여자들 살기 좋은 세상'임을 꾸준히 주입시킨다.

'예전보다 살기 편한 요즘 여자'라는 말과 생각 속에는 여성이 필요 이상으로 편함을 누린다는 편견이 담겨 있다. '여자들'이란 존재는 그렇게 편하게 살 자격이 없는데 세상이 좋아져 편함을 '누리고' 있다는 듯. 이러한 착시 현상은 나름 근거가 있다. 기성세대의 입장에서 자식의 삶과 자기 세대의 삶을 비교해보면 그들 눈에는 충분히 '여자들 세상'으로 보인다. 나 혹은 나의 남편보다 기를 못 펴는 듯한 아들, 나 혹은 나의 아내보다 자유로워 보이는 딸, 이렇게 놓고 보면 '요즘 남자 불쌍하다'는 결론이 도출되기에 충분하다. 젊은 남자들도 '우리 엄마에 비해' 편해 보이는 아내와 제 아버지에 비해 권력이 축소된 듯한 제 삶을 비교하며 박탈감을 느낀다. 차별? 요즘 그런 게 어디 있어? 이런 세상에서 페미니스트는 이기적이고 피해의식에 젖어 남자의 밥그릇을 빼앗으며 제 밥그릇 투정이나 하는 존재가 된다. 진정한 페미니스트는 그런 게 아니다, 게다가 한국 페미니스트들은 단단히 잘못되었다, 남자를 밟고 올라가려 한다, 페미니스트는 인간 본성을 억압한다, 남성혐오다!

어떤 여성이 페미니스트라고 밝혔을 때 자신들이 느끼는 '불편함'을 페미니스트 검증으로 포장한다. '진짜 페미니스트'인지 검증하기 위해 만반의 준비를 하고 지켜본다. 한 손에는 확대경을 들고 다른 한 손에는 아주 작은 꼬투리라도 집어 올릴 수 있는 핀셋을 든 채 언제라도 '실수'를 포착할 준비를 한다. 탈탈 털어 작은 먼지라도 잡아내면 '진정한' 페미니스트가 아니라고 한다. '진짜' 혹은 '진정한'에 대한 집착은 진짜를 찾기 위해서가 아니다. 그 반대다. 누구도 진짜가 아니도록 만들기 위해서다.

나는 '진짜' 페미니스트일까. 아니, 그전에 나는 페미니스트인가. 내가 무슨 주의자인지 나 자신은 명확하게 알고 있을까. 나는 보편과 권력의 재구성에 관심이 있고, 이에 대한 내 질문은 많은 경우에 페미니즘을 경유한다. '페미니스트가 되어야지'라고 생각한 적은 없지만 내가 내놓는 질문들이 대체로 페미니즘에 기대어 있다. 그러니 나는 페미니스트가 맞을 것이다.

나는 정체되어 있지 않기에 흘러가는 과정에서 변화하고 다른 줄기와 만나 헤어지기를 반복한다. 나는 내가 언제부터 페미니스트였는지 잘 모른다. 가만히 생각해보면 비난의 의미든 긍정의 의미든 페미니스트라고 불리는 순간은 (내 기준으로 보면) 대부분 그다지 특별하지 않았다. 당연한 권리를 요구했거나, 그저 내 생각을 말했을 때 페미니스트로 불렸다. 낙인의 의미로 페미니스트가 되기는 너무도 쉬워서, 때로는 그저 '시건방진' 눈빛으로 '왜?'라는 한마디만 던져도 충분했다. 왜? 이 한마디만 해도 짜증과 조롱이 섞인 어투로 "너 페미니스트야?"라는 힐난을 받을 수 있다.

이처럼 낙인의 의미로 페미니스트 되기는 밥 먹듯이 쉽지만, '진짜' 페미니스트는 너무도 숭고하여 셀 수 없이 많은 판관들의 인증을 거쳐야 한다. 흥미롭게도, 메갈리아는 진짜 페미니즘이 아니라며 대중이 진짜 페미니즘으로 오해할까 봐 걱정한다는 사람들이 오히려 메갈리아를 적극 홍보한다. 메갈리아가 진짜 페미니즘으로 보일까 봐 걱정하는 동시에 메갈리아를 '진짜 한국 페미니즘'으로 규정짓고 싶어 하는 모순된 행동을 보인다.

온라인에 기대어 페미니즘의 지형을 읽으면 현실이 많이 왜곡된다. 실제로는 그 온라인조차도 성평등과는 거리가 멀지만, 그나마 안전한 온라인에서 여성들이 발언을 하다 보니 정말 '요즘 여자들 세상'인 것처럼 왜곡되기 쉽다. 언론도 이러한 왜곡에 힘을 보탠다. 산들바람을 허리케인으로 여기는 과장된 언론의 목소리는 마치 이 '여풍'이라는 재난에 남성들이 휩쓸려가기라도 할까 봐 과잉 걱정을 하도록 도와준다.

적어도 '워마드는 진짜 페미니즘이 아니다'라고 말해야 '오해'받지 않을 수 있는 상황이 형성되었다. 오해를 살까 걱정되어 조심하도록 만드는 그 힘은 어떻게 작동하는가. 이는 두려움을 이용해 궁극적으로 여성을 지배하는 방식이다. 메갈리아를 조목조목 비판하지 않는다면, 나아가 워마드가 얼마나 문제인지 낱낱이 밝히지 않는다면, 진정한 페미니스트의 자격이 없을 것이다. 이처럼 해명을 하거나 특정 집단과 선을 긋는 발언을 하도록 은근히 요구하는 상황이 과연 옳은가.

너는 '메갈'이냐 아니냐, 워마드에 비판적이냐 아니냐는 식으로 질문을 가장한 검증의 태도에 나는 응할 생각이 없다. '종북'으로 오해받지 않기 위해 조심하고 싶지 않듯이, 나는 '메갈'이나 '워마드'로 '오해'받을까 봐 조심하고 싶지 않다. 그렇게 조심하도록 만드는 권력이 바로 내가 대항하는 권력이기 때문이다. 또한 내가 흘러가듯이 페미니즘, 한국 내의 페미니즘, 온라인에서 작동하는 페미니즘, 메갈리아, 나아가 워마드도 시시각각 흘러간다. 쉽게 규정짓거나 판단하기 어렵다. 개별 사안을 비판하는 것과 낙인을 찍어 "○○은 진짜가 아니다"라고 말하는 건 다른 문제다. 물론 일부 여성들이 온라인에서 극단적인 발언을 뱉기도 한다. 하지만 그 행동을 교정하려 하기보다, 그러한 행동이 발생하도록 만든 감정의 맥락을 수용하는 것이 먼저다. 이 사회가 많은 여성들에게 불신을 심어줬다. 그토록 여성의 말을 듣지 않다가 '폭력적이고 극단적인' 언어에만 반응을 보이는 태도가 오히려 비웃음을 유발한다. 게다가 현실에서 극히 일부 현상으로 나타나는 모순적이고 차별적인 발언을 확대해 여성의 현실과 목소리를 왜곡하는 태도야말로 옳지 않다.

비록 일부라 할지라도 페미니스트의 문제점을 비판하는 것이 균형 있는 시각일지도 모른다. 그러나 이에 대한 비판은 이미 너무 넘쳐서 '한국 페미니스트'는 과하게 지적받고 있다. 게다가 균형 잡힌 사람으로 보이느냐 아니냐는 내게 그다지 중요하지 않다. 중요한 것은 이 사회가 불균형적이고 편파적으로 정의를 취사선택한다는 사실이다. 남성이 여성의 몸을 침범하는 행위는 문화이며 어쩔 수 없는 욕망 탓이지만, 여성이 남성의 몸을 어쩌다 드물게 조롱하거나 침범할 경우 이는 '인격살인' 행위이자 '반사회적' 폭력으로 규정된다. 여성혐오와 여성착취는 자본주의 사회에서 하나의 산업이다.

이 남성연대 속에서 대부분은 '남자를 미워하는 여자', 나아가 '남성혐오자'로 오해받지 않는 페미니즘을 실천하도록 만들어진 공기를 들이마시며 산다. 사회 통념상 여성들은 '남자를 미워하는 여자'로 보일까 봐 조심한다. 남성이라는 인간을 '미워할 수 없는 존재'로 만든 사회에서 여성들은 오히려 자신을 탓한다. 존중받지 못함을 여성의 운명, 즉 팔자로 받아들이지 말아야 한다.

균형 잡힌 객관적 시각으로 여겨지는 어떤 중립적인 태도는 이러한 권력의 불균형을 쉽게 간과한다. 균형 잡힌 사람들의 균형 감각은 희한하게도 여성의 말과 행동 앞에서만 빛나게 활발하다. 너무 균형이 잘 잡혀서, 광활한 페미니즘의 역사와 투쟁을 미처 알기도 전에 페미니즘의 문제점부터 먼저 배운다. 이미 형식상의 성평등 제도가 완비되고 오랜 투쟁의 역사가 쌓인 일부 나라들에서 불거진 '부작용'을 과하게 부풀려 한국의 페미니스트들에게 훈계하는 일이 잦다.

또한 여성은 남성의 시선 속에서 계속 종류가 나뉜다. 여성도 이 시선에서 자유롭지 못한 채 여성들의 종류를 가부장제의 기준으로 나눈다. 결혼한 여자와 결혼하지 않은 여자, 엄마인 여자와 엄마가 아닌 여자, 직장 다니면서 엄마인 여자와 전업주부이면서 엄마인 여자 등. 이처럼 '여성의 종류'를 나누는 습관은 페미니스트의 종류를 나누는 데도 기여한다. 생물학적으로 '원래' 여성이냐 트랜스젠더 여성이냐, 기혼이냐 비혼이냐 등 수많은 종류로 페미니스트를 나눈다. 물론 각자가 처한 상황이 다르기에 개별적 상황을 논할 필요는 있다. 그러나 이는 섬세하게 연대하기 위해서이지, 더 섬세하게 차별하기 위한 구별이 되어선 곤란하다. '진짜 여성의 삶'에 대한 서사의 주도권을 독점할 필요는 없다. 어디까지가 페미니즘이고 어디서부터는 진짜 페미니즘이 아니라고 누가 말할 수 있을까.

더불어 여성이라면 당연히 해야 할 일이나, 자연스럽게 있어야 할 자리란 없다. '해야 할 일'이나 '자연스러운 자리'란 달리 말해 사회가 정해준 '여자의 자리' 외에는 여성에게 어울리지 않는 장소라는 뜻이다. 여성은 수시로 그 자리와 어울리지 않는 인간으로 취급받는다. 모두 남성으로 가득한 예능, 남자의 얼굴만 보이는 정치 등은 낯설어하지 않지만, 여성이 그 자리에 있다면 이는 매우 '비정상적' 상황으로 취급한다. 여성은 모이고, 만나고, 돌아다니는 인간이 아니라 남성의 보조자로 취급된다. 여성은 남성의 안식처로서 존재해야 하지만 여성의 안식처는 침범받는 장소가 된다. 남자를 동반하지 않은 여자의 자리는 공격받기 일쑤다. 여성에게 '혼자'는 공격의 빌미를 제공한 대가를 마땅히 치러야 할 모험이나 다름없다. 이러한 문제가 개선되지 않은 채 여성은, 페미니즘은 꾸준히 감별의 대상이 된다.

나는 '진짜'를 지향하지 않는다. '진짜'가 되려는 윤리적 욕망은 때로 타인을 폭력적으로 규정짓고 배척하며 제압할 위험이 있다. '진짜'를 정의하고 선택하는 권력에 대해 의구심이 있다. 진짜 여성, 진짜 페미니스트, 여성이 있어야 할 진짜 자리, 진정한 여성의 삶을 알려주려는 사람들의 충고는 사양한다. '진짜'는 모르겠으나 내 삶과 나의 길, 나의 자리, 나의 역할, 나의 욕망, 나의 사랑은 각각의 '나'들이 찾아야 한다. 이 '나'들은 문화와 관습이 정해주는 자리가 아닌, 충분히 다른 세계를 갈망할 권리가 있다.

남성적 '나'들이 보편적 인간을 대표하는 세계에서 묵살당한 '나'들의 재현과 목소리는 정치적 행위다. '나는'으로 시작하는 말하기를 상대적으로 차단당한 존재들이 '나는'으로 시작하는 말하기를 더욱 확장하길 갈망한다. 자신의 쾌/불쾌가 사회적 옳음/그름과 일치해온 사람일수록 제 기분에 의지해 사안을 판단한다. 여자들이 감정적이라고? 여자의 감정이 사회가 정해놓은 규범과 자리를 벗어나면 부정적인 의미로 감정적이라는 오명을 덧씌운다. 여자의 감정은 정치화되지 못하고 해석당한다. 여성의 연대와 목소리를 '정치 행위'로 보지 않는 게 문제다. 기존의 가부장-여성착취 제도를 유지하기 위해서라면 '진보'는 '반동'을 적극적으로 행하는 모순을 저지른다. 정치와 폭력에 대한 고정관념에서 벗어나야 한다. 여성들은 기존에 폭력으로 규정되지 않던 문제를 폭력이라 말하고 있으며, 다른 방식으로 말하고 다른 방식으로 정치 행위를 하며 연대를 보여주고 있다.

나는 안데르센의 동화를 자주 읽는다. 안데르센의 작품을 관통하는 이야기는 다른 세계에 대한 갈망이다. 안데르센의 〈나무 요정〉에 나오는 나무 요정인 드리아스는 단 하루를 살더라도 나무에 갇힌 삶을 벗어나 자유롭게 돌아다니길 갈망한다. 그의 욕망은 사회의 기준에서 매우 위험한 것으로 평가받는다. "너의 바람, 너의 갈망 때문에 너는 신이 주신 자리에서 벗어나게 되었다. 이것이 너의 비극이로다." 세상 사람들은 드리아스를 그렇게 바라본다. 그러나 아무 일도 일어나지 않는, 신이 주신 안정된 자리보다는 무슨 일이 일어날지 모르는 불안한 나의 길을 선택할 수도 있다. 삶의 다른 가능성. 이를 꿈꿀 자유는 누구도 막을 수 없다. '미친년'은 '제자리'에 있지 않는다. 계속 움직일 것이고, '나'는 오염되고 변태되어야 한다.

차례

1장

'진짜'는 없다

자연스러운 여성

"박근혜가 진짜 여성인가?"

한국 최초의 여성 대통령이었던 박근혜는 대통령이 되기 전에나 후에나, 그리고 탄핵을 당한 뒤에도 늘 이런 질문을 마주했다. 그의 정치 인생에서 빠지지 않는 질문이었다. 이 질문은 문제적이다. 출산과 육아를 하지 않아 진짜 여성의 삶을 모른다고 비난받았다. 한편 박근혜는 때에 따라 극도로 여성성을 연출했고, '여성 대통령의 사생활'을 무기 삼아 자신의 무능을 방어했다. '진짜' 여성이란 누구인가? 어떤 여성이 진짜 여성일까? 박근혜는 주민등록번호 뒷자리만 2일 뿐 여성이 아니라고 한다면, 주민등록번호 뒷자리가 2인 '여성'은 모두 '진짜' 여성일까?

박근혜가 사회적으로 진짜 여성인가라는 질문을 받아야 했다면, 트랜스젠더는 생물학적으로 진짜 여성인지가 논란이 된다. 진짜임을 증명해야만 하는 입장에 처한 사람들은 누구일까. 한 사례를 보자. 1996년 남성에서 여성으로 전환한 트랜스젠더 여성이 남성 세 명에게 집단 강간 피해를 입은 사건이 있었다. 이에 대해 대법원은 성염색체를 기준으로 "피해자를 여성이라고 볼 수 없다"며 가해 남성들에게 무죄 판결을 내렸다. 2009년에 일어난 다른 사건에서 법원은 트랜스젠더 여성이 '부녀'에 해당한다고 판결했으며, 트랜스젠더 여성의 성폭력 피해가 법적으로 인정되었다. 피해 사실을 인정받은 것은 진전이었지만 피해자가 '진짜' 여성인지 아닌지가 주요 논쟁점이 되기는 마찬가지였다. 게다가 성폭행 피해를 '부녀'인 여성만 입는 것으로 보는 관점도 여전했다.

성염색체와 성기를 기준으로 생식능력이 없어 여성이 아니라는 판결과, 결혼하거나 출산하지 않았기 때문에 박근혜가 진짜 여성이 아니라는 시각은 재생산의 관점으로 여성을 검증한다는 점에서 동일하다. '옳은 몸'을 정의하는 육체 파시즘body fascism을 기반으로 인간 존재를 선별한 뒤 이를 근거로 '~다움', 즉 순수한 장애인다움, 아이다움, 진정한 모성, 남성의 공격적인 본능 등을 규정한다.

이러한 '~다움'은 자연스러움이며, 자연스러움은 곧 옳음으로 여겨진다. 자연스러움이란 '자연을 닮은' 상태다. 그렇다면 인간이 구성한 제도와 문화가 과연 자연을 닮은 상태이기는 할까. 자연에도 동성애가 있고 불임이 있는데, 왜 이러한 자연은 인간 사회에서 자연상태가 되지 못할까. '원래'라는 이데올로기가 바로 '자연스러움'에 대한 신화와 만난다. 자연스럽지 않다면, 곧 익숙하지 않다면 잘못된 것으로 규정한다. 결혼하지 않기, 출산하지 않기, 동성애 등 자연스럽지 않은 것은 배척해도 될 뿐 아니라 질서를 배반하므로 멸종시켜야 한다는 신념을 불태운다. 저 자연스럽지 않은 대상들이 점점 세력을 넓혀 우리를 오염시키며 자연상태를 변질시킨다고 여긴다.

이러한 차별을 두고 종종 분리나 차이를 둘 뿐 차별은 아니라고 한다. 사회는 차이를 원한다. 차이를 기반 삼아 구별한다는 명목으로 차별을 정당화할 수 있기 때문이다. 많은 성역할이나 '~다움'의 실체는 바로 이렇듯 구별을 가장한 차별이며, 이 차별은 자연현상으로 자리 잡았다. '과학적' 인종주의와 '과학적' 성차별주의가 쉽게 사라지지 않는 이유다. 이들은 차별을 설명하고 합리화하기 위해 과학적 근거를 들이댄다. 진화심리학은 차별주의자들이 이러한 구별을 위해 활용하기 좋은 이론이다. 성별을 나눈 후 편견을 확대 재생산하는 《화성에서 온 남자 금성에서 온 여자Men Are from Mars Women Are from Venus》 같은 자기계발서들을 비롯해, 자칭 연애 상담가나 대중적인 강연자로 이름을 날리는 사람들이 이러한 이론에 기대고 있다.

우리는 과연 구별과 차별을 제대로 구분할 수 있을까. '여성과 남성을 차별해서는 안 되지만 구별은 해야 한다', '구별은 차별이 아니다', '여자와 남자는 다르다', '남자가 애 낳을 수 없다' 같은 논리는 상당한 마법을 부린다. 두발 단속을 하는 이유는 청소년을 단속하려는 것이 아니라 성인과 학생을 구별하기 위해서라고, 여성의 옷을 더 단속하는 이유는 여성이 남성과 달라서라고 한다. 그렇다면 이러한 구별 방식에 동참하지 않는 청소년이나 여성의 안전은 어떻게 되는가? 왜 안전은 구별에 달려 있는가? '우리'를 안전할 수 없게 만드는 이들은 도대체 누구인가? 식별할 수 없는 정체로부터 '우리'를 보호하려면 우리가 우리를 구별해줘야 하는 걸까?

인간은 개인마다 '차이'가 있으며, 이 차이를 구성하는 요소에는 생물학적 요인뿐 아니라 문화적·종교적·정치적 요인들이 개입한다. 유난히 생물학적 차이를 더 강조해 인간을 성별 이분법에 가두고 암 컷과 수컷으로 환원하는 방식은 그동안 인간이 쌓아온 관념과의 투 쟁을 매번 제자리로 돌려놓는다. 어떤 과학자들은 차별적 관념에 의 구심을 품고 접근하기보다는 기존의 관념을 더욱 공고히 하는 '과학 적' 기반을 마련해준다.

남성들이 여성들에 비해 대체로 좀 더 공격적이고, 심지어는 폭력적인 성향을 만들어내는 것도 테스토스테론의 과도한 영향 때문이라고 설명한다. 원시시대 때 사냥을 하던 습성을 만들어낸 테스토스테론은 쇼핑을 할 때도 사냥과 마찬가지로 '한 가지 목 표'만을 향해 돌진하게 만든다. …… 대뇌피질을 한 꺼풀 벗기면 나오는 변연계 속에 있는 다수의 신경중추들, 그중에서도 특히 공격적인 성향이나 성생활, 젖먹이를 돌보는 일을 담당하는 신경 중추들은 남녀에 따른 차이가 매우 뚜렷하다. 남성들은 공포와 기쁨 같은 감정을 담당하는 편도와 시상하부에 있는 '지배중추와 공격중추'의 크기가 여성보다 거의 2배 정도 더 크다. 그러다 보 니 공격적인 성향이 더 강할 수밖에. (교도소 수감자 중 90%는 남성 이다.) 반면, 여성들은 보살피는 행동이나 사회적 관계를 형성하 는 변연계 등이 남성보다 2배 정도 더 크다.[1]

이렇게 여성과 남성의 생물학적 차이를 기반으로 남성의 공격성과 여성의 돌봄을 자연스러운 성향으로 만든다. 그러나 이는 정말 과학적일까?

한때 남녀의 뇌 구조가 큰 차이를 보인다는 연구가 한창이다가 최근에는 우리가 생각하는 것보다 그렇게 크지 않다는 연구 결과가 다시 주목받고 있다. …… 최근 들어서는 개인 차이가 커서 그렇게 쉽게 말하기 어렵다는 논문들이 주목받고 있는 것이다. 과학이 얼마나 사회적인가를 보여주는 대목이다.

내내 성별의 차이를 강조했지만, 마지막에 이러한 이론들에 대해 쉽게 말하기 어려우며 과학이 사회적이라고 틈을 주기는 했다. 그렇다면 확실히 증명되지도 않은 차이에 왜 그토록 집착할까? 앞에 인용한 글은 특별하지 않다. 이러한 방식으로 성별의 차이를 언급한 책과 강연은 꾸준히 쏟아진다.

2000년 이래로 과학 학술지들은 남녀 차이에 관한 논문을 3만 편 넘게 게재했고, 신경과학자들은 뇌 작동에 관한 남녀 차이들을 추적하고 있으며, 교육 전문가들은 남학생과 여학생의 강점이 서로 상반된다는 생각(예를 들면 남학생은 수학을 잘하고 여학생은 어학을 잘한다는 생각)을 바탕으로, 성별에 따른 차별화된 학습 전략들을 고안하느라 분주하다.[2]

많은 사회적 요소에 소홀한 채 유독 생물학적 차이에 집중하는 것은, 여성과 남성의 다름을 강조해 서로 '원래' 그렇다고 인정해버리는 것이 모든 복잡한 문제들을 가장 쉽게 정리하기 때문이다. 팔자나 운명처럼, 이는 '자연'이기에 항거할 수 없는 요소라 여긴다. 자연현상에 따라 남자는 원래 바람을 잘 피우며 여자는 원래 자식에게 헌신한다고 생각하게 만든다.

구별의 기준이 선명해질수록 차별이 문화로 안착하기 쉬운 환경이 된다. 혐오는 주로 이러한 구별과 밀접하다. 이분법은 혐오를 설계하는 중요한 지침서로 작용한다. '무엇'의 권리를 말하면 자동적으로 다른 무엇은 권리가 없어진다고 생각하면서 '무엇만' 중요하다는 거냐고 따진다. 이 '분노'는 어느 정도 진심이다. 사드THAAD 배치 과정에서 진짜 성주 사람과 외부인, 진짜 페미니스트와 메갈('꼴페미', '페미나치'라는 이름으로 불리는), 호남 사람과 아닌 사람, 백인과 비백인 …….이렇게 커다란 집단으로 나누어 구별하는 데 익숙해진 사고는 개개인의 차이를 인식하고 존중하는 태도와 거리가 멀다. 구별을 빙자한 차별의 대표적 예는 '성역할'이다. 엄마가 맡은 '밥 하는 사람'의 역할을 성차별이라고 생각하지 않는다. 이는 '역할'이기 때문이다.

몸의 구별은 차별의 기초다. 병든 몸, 늙은 몸, '우리'와 다른 피부색, 장애가 있는 몸, 다른 방식으로 성관계를 하는 몸을 구별하고, 이어서 차별한다. 몸의 이분법을 기반으로 남자가 '아니'라면 여자여야 하고, 여자가 '아니'라면 남자여야 한다. 이를 자연법칙으로 여긴다. 이러한 구별은 '강제적 이성애'를 위해 필요하다. 결국 사랑이 무엇인지 모르는 상태에서 사랑을 이야기한다. 여자는 자기를 좋아해주는 사람을 만나야 하고, 남자는 자기가 좋아하는 사람을 만나야 한다더라. 사랑? 사랑이라는 이름으로 여성은 분리된 역할을 떠맡아 수행한다. 이를 수행하지 않으면 '쌍년'이다. 대부분은 불편한 정의보다 익숙한 차별을 선택할 수밖에 없다. 차별을 증명하느라 힘이 빠져 너덜너덜 해진 채로 다시 차별 속에 들어가면서 "어쩔 수 없지, 내 팔자지"라고 하기를 수없이 반복한다.

칭찬으로 기만하기

2016년 말부터 2017년 초까지 박근혜 대통령의 퇴진을 요구한 시민들의 촛불집회를 두고 일부 언론은 시민을 감히 칭찬했다. 100만 명이 넘게 모여도 폭력이 발생하지 않고 집회가 끝난 후 쓰레기를 말끔히 치운다며 이제 우리 시민들의 시위문화가 성숙해졌다고 한다. 시위는 시민들의 정치 행위이다. 그렇다면 시민들의 정치 행위를 칭찬하는 그들은 도대체 누구인가? 누구이기에 시민을 칭찬하는 것일까? 평화적이냐 폭력적이냐 하는 틀 속에 갇혀 칭찬받는 시민의 입장에서 상당히 불쾌했다. 시민의 성숙한 시위문화를 운운하며 칭찬하는 사람은 동지라기보다 저 위에 앉아 내려다보며 평가하는 판관이다. 때로 자신이 원하는 모습대로 길들이기 위해 상대를 칭찬한다. 지배의 우아한 방식이다. 칭찬을 통해 '안전한 지배' 속에서 길들이려 한다. 이러한 칭찬은 언제든지 낙인을 찍는 빌미가 된다. 언제든지 마음에 안 들면 '전문 시위꾼'이니 '폭력 시위'니 하면서 카메라로 '폭력'을 확대해 보여주려고 노력한다.

칭찬은 고래도 춤추게 한다? 물론 잘하면 그렇다. 위로와 마찬가지로 칭찬은 고난도의 기술과 생각을 요하는 표현 방식이다. 칭찬을 누가 누구에게 어떤 방식으로 하느냐에 따라 칭찬을 받는 사람은 좋은 말을 듣고도 빈정이 상할 수 있다. 칭찬은 일종의 권력관계를 정리하는 방식이다. 나는 너에게 칭찬을 '줄 수' 있는 사람이며 너는 나에게 칭찬을 '받는' 사람이라는 관계가 성립된다. 어린이는 어른에게 칭찬하지 않는다. 존경을 보낼 수는 있어도 칭찬이라는 말은 성립되지 않는다. 칭찬은 아랫사람을 '인정'하는 행위로 구축되는 경우가 많다. 부모의 칭찬을 받으려는 아이, 주인의 칭찬을 받으려는 반려견, 선생님의 칭찬을 들으려는 학생처럼 칭찬은 '아랫사람'이 갈구하는 당근의 역할을 한다. '윗사람'은 칭찬을 통해 계속 '내 마음에 들게 행동하라'는 압력을 넣는다. 그래서 마음에 들지 않으면 "평소에 좋게 봤는데"와 같은 말을 덧붙여 비난한다.

칭찬은 평가의 다른 방식이다. 여성은 주로 외모와 차림새에 대한 칭찬을 많이 듣는다. 여학생은 남학생과 달리 치마를 입었을 때 칭찬을 듣기도 한다. 또한 여자에게 요리 솜씨를 칭찬하며 "이제 시집가도 되겠네"라고 한다. 성역할을 수행하도록 만드는 칭찬이다. 미국, 뉴질랜드, 영국의 조사에 따르면 여성이 남성보다 칭찬의 말을 더 많이 한다. 여성끼리는 외모에 관한 칭찬을 일상적으로 주고받는다. 이는 반대로 외모와 패션에 대한 비난도 많이 받는다는 뜻이다. 반면 남성끼리는 주로 재산과 기술에 대한 칭찬을 주고받고, 남성이 여성을 칭찬할 때는 주로 외모를 언급해 성희롱이 되는 경우가 많다.[3] 2017년 프랑스를 방문한 트럼프Donald Trump 대통령이 공식 석상에서 프랑스 영부인 브리지트 트로뉘Brigitte Trogneux에게 건넨 "몸매가 좋네요"라는 말이 정확히 여기에 해당한다. 어디 트럼프뿐이랴. 여성을 향한 칭찬은 고기의 맛을 평가하듯이 몸을 부위별로 칭찬하는 것이거나, 성역할을 지속 가능하도록 만드는 것으로서, 칭찬을 가장한 지배의 언어다. "애교가 많네", "남편에게 사랑받겠어" 등도 마찬가지다.

　어떤 칭찬은 발화자의 고정관념이 반영되어 있다. 성별 고정관념, 지역에 대한 차별적 의식, 세대에 따른 편협한 관념을 비춘다. 그래서 '여자 치고', '젊은 사람 치고', '전라도 사람 치고' 등의 말이 붙은 칭찬을 한다. 아마 수많은 '요즘 여자'들은 '요즘 여자'들과 다르다는 칭찬을 많이 들을 것이다. 그 '요즘 여자'의 실체가 어디에 있는지 모르겠지만, "요즘 여자들과 달리", "너는 다른 여자들과 달라" 등의 말을 칭찬이라고 던진다. 젊고 예쁜 여성에게 "예쁘신데 왜 페미니스트세요?"라고 말하는 남성들은 여성이 외모에 대해 당연히 남성의 칭찬과 인정을 갈구하는 존재인 줄 안다. 예쁜 몸뚱이로 사는데 뭐가 '불만'이라 남성을 '혐오'하는지, '살덩이'가 생각이란 걸 한다고 1초도 생각해본 적 없는 이 순진무구한 질문이 얼마나 많은 '예쁜' 페미니스트에게 도달했을까. 페미니스트는 남자에게 사랑받지 못해서 피해의식에 젖어 불만을 터뜨리는 존재라고 생각한다.

　글로만 나를 보다가 실제로 만난 한 남성은 "웃지도 못할 줄 알았다"고 했다. 과거에 공산당을 늑대로 표현한 만화처럼 페미니스트는 괴물 같은 과격분자다. 몇 년 전에 한 지인이 내게 "라영 씨는 불편하지 않은 페미니스트라서 좋아요"라고 말한 적이 있다. 그는 분명히 나를 '칭찬'하고 있었으나 그 말을 듣고 있던 나는 기분이 어딘가 좀 이상했다. 그가 나에게 "불편하지 않은 페미니스트라서 좋아요"라고 말하는 순간, 그와 나의 위치가 정해졌다. 그는 페미니스트를 평가하는 입장에 있으며, 나는 평가받는 페미니스트가 된다. 그는 광의적으로 '진보'라는 주제를 놓고 '동지'가 될 수 있지만, 여성 '문제'라는 주제에서는 동지가 아니라 판관이라는 사실을 일깨워준다. 그보다 중요한 핵심은, '불편하지 않은' 페미니스트라는 말에 나 스스로 끝없이 자문해야 했다는 점이다. 도대체 불편하지 않은 페미니스트는 뭘 하는 인간인가? 벨 훅스bell hooks의 경험을 보면 이런 식의 '칭찬'이 비단 나만 겪는 문제가 아님을 알 수 있다.

> 내가 아는 페미니즘에 대해 조곤조곤 이야기해주면 그들은 기꺼이 내 말에 귀를 기울인다. 그러나 이야기를 마칠 즈음 곧장 이런 반응을 보인다. 당신은 남성을 혐오하고 늘 화가 나 있는 '진짜' 페미니스트 같지 않다고, 당신은 다른 것 같다고 말이다. 이에 나는 나야말로 누구보다 진짜고 급진적인 페미니스트이며, 페미니즘을 더 자세히 들여다보면 덮어놓고 짐작했던 모습과는 다를 것이라고 힘주어 말한다.[4]

'진짜' 페미니스트를 강조하지만, 때로 '진짜' 페미니스트는 페미니스트를 비난하는 언어다. 너는 늘 화가 나 있는 '진짜' 페미니스트 같지 않아, 라고 말하는 것이다. 불편하지 않은 페미니스트를 선호하는 이들은 사회 개혁보다는 페미니스트 재교육에 관심이 많다. 페미니스트 감별사가 되어 페미니스트를 얌전하게 길들이려 한다. 태도에 그토록 집착하는 이유는 내용을 무시할 수 있어서다. 나에게 공손하기만 하다면 너의 말을 들어주겠다는 뜻이 아니다. 너의 말을 교양 있게 무시할 수 있다는 뜻이다.

자칭 '좌파' 남성은 때로 페미니스트를 향해 '계급의식까지 갖춘 기특한 페미니스트'라는 식으로 '훈훈한' 표정을 하고 칭찬한다. 그뿐일까. 나보다 나이가 많은 한 페미니스트(?)는 '젊은 여자치고' 생각이 깊다고 칭찬한다. 이렇듯 자기만이 생각하는 인간인 줄 착각하는, 생각 없는 사람들의 입에서 나오는 칭찬은 대부분 망한다. 일반적으로 젊은 여자는 개념이 없고 일반적으로 페미니스트는 재수가 없는데, 너는 좀 덜 재수 없다는 칭찬이다.

성차별을 걸러내고 유지되는 관계는 거의 없다. 심지어 '페미니스트'와 마주 앉아 있을 때도 그 벗어날 수 없는 감옥을 실감할 때가 있다. 그래서 "사람은 나쁘지 않은데"라는 식으로 차별을 '이해'하려 애쓰며 스스로를 위안하기도 한다. 마땅히 분개해야 할 일에 분개하지 못한 가슴이 우울해지기 시작하는 시점이다. 많은 이들이 권력의 진정성을 이해하려고 애쓴다. 그러면서 동시에 저항하는 사람의 진정성을 증명하려 한다. 진정한 페미니스트 또는 선량한 시민임을 증명하도록 강요받지만, 증명한다고 이해받느냐 하면 그렇지도 않다. 이해는 불공정하게 돌아간다.

실패할 권리

아침 뉴스를 보려고 TV를 틀자마자 "공격당하는 페미니스트 Feminist under fire"라는 자막이 지나간다. 주말 내내 무슨 일이 있었는지 알기 때문에 예상했던 자막이었다. 그리고 예상 가능한 방식대로 흘러갔다. "스타이넘의 망언"과 "지옥의 특별한 자리special place in hell"로 상황이 간단하게 정리되었다. 뉴스의 주인공인 글로리아 스타이넘 Gloria Steinem과 매들린 올브라이트Madeleine Albright 모두 새로운 말을 한 것이 아니라 해오던 말을 했다. 스타이넘이 자기 말이 왜곡되었으며 오해라고 말하는 것도 그 때문이다.

뉴스의 내용은 이렇다. 미국 대선을 앞두고 당내 경선이 한창이던 2016년 2월 5일, 〈빌 마허의 리얼타임Real Time with Bill Maher〉에 출연한 스타이넘은 '젊은 여성들이 버니 샌더스Bernie Sanders를 지지하는 이유'를 설명하는 과정에서 "남자들이 버니랑 있으니까"라고 말했다. 비슷한 시기 미국의 전 국무장관 올브라이트는 힐러리 클린턴Hillary Clinton 지지 연설에서 "여성을 돕지 않는 여성에게는 지옥의 특별한 자리가 마련되어 있다"는 표현을 하는 바람에 구설수에 올랐다.

스타이넘이나 올브라이트의 '낡은 전술'에 대해 물론 나는 비판적이다. 스타이넘이 투표 성향에 대한 지식 부족이라면, 올브라이트는 수사의 실패다. 올브라이트가 직접《뉴욕 타임스The New York Times》에 기고한 제목 그대로, '비외교적 순간My Undiplomatic Moment'이었다. 그는 25년 전부터 했던 말을 자신 있게 던졌는데, 문제는 바로 거기에 있었다. '하던 대로' 했다는 점이다. 나는 올브라이트나 스타이넘의 '낡은 전술'을 안타까워하지만, 그 낡은 전술을 얄팍하고 평평하게 만들어 너덜너덜하게 짓밟는 많은 언어들을 더욱 경계한다. 익숙한 사건이 떠올랐다.《프리미어》의 편집장 최보은이 박근혜를 찍겠다고 말한 것은 두고두고 반페미니스트들의 먹잇감이 되었다. 이 발언은 단순히 편집되어 "페미니스트? 어, 박근혜 찍겠다는 여자들?"이라는 틀을 만들어갔다.

왜 젊은 여성들이 클린턴보다 샌더스를 지지하느냐는 빌 마허의 질문에 스타이넘이 "남자들이 버니랑 있으니까"라고 답한 것에 문제의 초점이 몰렸지만, 그보다는 그 앞 문장에 의문을 품어야 한다. "남자들은 나이가 들수록 보수적이 된다. 그들은 갈수록 권력을 얻으니까. 하지만 여자들은 나이가 들수록 더 급진적이 된다. 갈수록 권력을 잃으니까." 이 말을 하는 동안 스타이넘은 박수를 받았다. 여성 투표 성향의 역사와 젠더 제너레이션 갭gender generation gap에 대한 인식이 없는 주장이었다. 스타이넘의 이 발언을 놓고 보면 여성은 젊을 때 정치 성향이 더 보수적이고, 나이가 들수록 진보적인 후보를 선택하는 듯 보인다. 그러나 서구에서 여성이 투표에 참여한 100년 정도의 역사를 살펴보면 스타이넘의 이 주장은 근거가 없다.

정치학자 피파 노리스Pippa Norris에 따르면, 영국의 젊은 세대에서 여성은 남성보다 정치적으로 더 진보였고, 장년층을 지나 노년층으로 갈수록 여성이 남성보다 정치적으로 더 보수적인 투표를 했다. 1997년 이전까지 여성의 정치적 세대 차이는 남성보다 더 크게 나타났다. 이러한 양상은 1992년 미국 대선에서도 마찬가지였다.[5] 참정권을 얻은 초기에 여성은 남성보다 보수적인 투표를 했다. 1960년대 페미니즘의 영향이 커지면서 점점 종교의 영향에서 벗어나는 여성들이 늘어났고, 사회활동도 증가하면서 전후 세대 여성들과 정치적 차이가 크게 벌어졌다. 여성은 현실에서 직접 겪는 낙태, 육아, 의료, 교육 등의 정책에 더 많은 관심을 보인다. 여성이 정치에 '참여'하는 역사가 쌓이면서 정치와 자신의 관계에 더 민감해지는 것이다.

또한 남자 대 남자의 대결에 여성이 등장하고, 백인과 백인의 대결에 흑인이 등장하면 이러한 성향도 달라진다. 중년 이상의 집단은 과거와 달리 이제 남성이 더 보수적인 투표를 한다. 여성이 정치에 참여한 지난 한 세기 동안 여성이라는 집단 전체가 정치에서 진보적 성향으로 서서히 이동했다. 그러니 여성이 나이 들수록 권력(여성성)을 잃어 더 진보적이 된다는 근거는 찾기 어렵다. 여성 내부는 다른 집단과 마찬가지로 여전히 젊은 여성이 더 진보적인 투표를 한다. 실제로 트럼프와의 본선에서 클린턴에게 가장 많이 표를 던진 집단은 20대 여성이었다.

스타이넘이 왜 그러한 발언을 꾸준히 하는지 이해는 한다. 여성은 나이 들수록 여성을 옥죄는 여성성의 틀에 저항하는 힘이 생긴다. 목소리 낼 수 있는 '아줌마'의 탄생. 그런데 이러한 성향이 진보적인 의식으로 향하는지, 나아가 정치에서 투표 성향으로 이어지느냐는 별개의 문제다. 자신의 삶이 부정당한다는 생각에 오히려 나이가 들면서 젊은 여성의 '되바라짐'을 더욱 못마땅하게 여기고, 자신의 커진 목소리를 젊은 여성을 단속하는 데 활용하기도 한다. "여성이 너무 똑똑하면 밉상이니까 좀 모자라 보여야 한다"고 김을동이 20대 총선 예비후보자 대회에서 새누리당 여성 후보들에게 충고했듯이, 남성 사회의 인정에 자신을 맞추고 살아온 여성들은 그 방식대로 여성을 다시 길들이려 한다.

게다가 현실 정치에 '여성 문제'가 반영되는 폭이 상당히 협소하다. 정치적으로 진보와 보수의 개념은 많은 부분이 남성 중심의 진보와 보수다. 예를 들어 오바마 케어를 무산시키려는 트럼프의 정책을 결정적으로 막은 인물은 공화당의 두 여성이었다(메인주 상원의원 수전 콜린스Susan Collins, 알래스카 주 상원의원 리사 머카우스키Lisa Murkowski). 또한 젠더는 중요한 정체성이지만, 한 사람을 구성하는 정체성은 수없이 다양하므로 투표의 판단 기준에는 젠더 외에도 여러 이유가 개입한다. 미국에서 백인과 비백인의 투표 성향은 판이하게 다르다.

올브라이트가 언급한 '지옥의 특별한 자리'는 단테Dante가 정치적 중립을 통해 기득권에 동조하는 태도를 비판하며《신곡La Divina Commedia》에 썼다고 '알려진' 말이다. 이 수사는 프랭클린 루스벨트Franklin Roosevelt를 포함한 미국 정치인들이 즐겨 사용하면서 '뜨거운 자리', '낮은 자리' 등을 거쳐 '지옥의 가장 뜨거운 자리'라는 수사로 자리 잡았고(《신곡》에는 '가장 뜨거운' 자리라고 표현되어 있지 않다), 올브라이트도 이 표현을 여러 번 사용했다. 2013년 출간되어 한국에도 번역된 셰릴 샌드버그Sheryl Sandberg의 베스트셀러 《린인Lean In》에도 올브라이트의 이 발언이 인용되어 있다. 그동안 특별히 문제되지 않던 이 익숙한 수사는 당선 가능성이 높은 여성이 최초로 등장한 대선이라는 엄청난 이벤트를 앞두고 낯설게 '중앙 무대'로 올라왔다.

올브라이트의 실수는 전술적 실패지만, 페미니즘을 공격하고 싶은 이들은 페미니즘의 문제로 생각할 것이다. 조금 더 아는 척을 하고 싶다면 '자유주의 백인 여성의 한계' 정도로 읊어댈 수도 있다. 실수하기만을 기다리는 이들은 이 '노장'들의 실수에 온갖 조명을 비추고 확대경을 들이대 '문제'를 징그럽게 확대한다. 지구 반대편 한국에서도 올브라이트의 발언에 대한 비난을 SNS로 전달하며 하트 이모티콘을 뿅뿅 날린다. 이 세계에 존재하는 뿌리 깊은 차별이 아니라, 페미니스트의 문제와 한계를 증명하는 일이 반페미니스트에게는 더 중요하기 때문이다. 그들은 샌더스를 지지하는 여성들과 힐러리를 지지하는 여성들의 구도를 확대하고 선명하게 만들어 더욱 잘 보이도록 무대 위로 올려놓는다. 샌더스에게 투표하면 '개념 있는' 페미니스트이고, 힐러리에게 투표하면 기득권을 옹호하는 페미니스트인 양 틀을 만든다. 문제를 비틀고 쥐어짜 아주 난잡하게 만드는 방식이다.

그런데 한번 생각해보자. '여자의 적은 여자'라며 여성이 여성과 연대하지 못하도록 방해하는 사회에서 '여자를 돕지 않는 여성'에 대한 올브라이트의 강한 발언이 과연 본질적인 문제인가? 게다가 여성 개인이 비난받을 때 적지 않은 여성들이 '같은 여자로서' 또는 '나도 여자지만' 부끄럽다고 한다. '우리' 여자는 수시로 '같은 여자'의 행동에 신경 쓰며 살도록 강요받는다. 연대는 방해받고 비난은 여성이 공유한다. 죗값의 무게도 달라서 "여자가 더 무섭다" 등의 말을 정상적으로 받아들이고 산다. 이런 관념은 우리 일상에서 별 두려움 없이 떠돌며 여성의 관계와 생각을 지배한다. '여성 일반화'는 남성 사회의 주특기다. 아무 공통점이 없는 여성들을 하나로 묶는 시선에 익숙하지 않은가. 그런데 여성이 여성을 돕자고 하면 비로소 '여성의 다양성'이 치솟아 오른다. 다양성이 악용되는 순간이다.

버락 오바마Barack Obama는 흑인의 열렬한 지지를 받지만, 힐러리 클린턴은 여성의 지지를 그만큼 받지 않는다. 여성에 대한 여성의 전폭적 지지가 당연하다는 뜻이 아니다. 그러나 박근혜가 여자라서 고민해본 사람, 혹은 박근혜가 여자라서 찍겠다고 한 사람을 비난할 마음도 없다. 오히려 그런 사람들의 목소리가 왜곡과 굴절 없이 세상에 던져질 수 있어야 한다. '여자라서'를 고민하게 만드는 배경은 결코 가볍지 않으며, 오히려 아주 심각한 문제이기 때문이다. 내가 의구심을 품는 부분은 흑인이 흑인을 찍는 것과 여성이 여성을 찍는 것을 바라보는 사회의 시선이 다르다는 점이다(최보은을 생각한다).

정말로 여자가 '같은 여자라서' 여자를 돕는다면 사회는 대혼란에 빠질 것이다. 지금의 제도와 문화를 결코 유지할 수 없다. 노예제 폐지보다 가부장제 폐지가 더 어려운 이유는 여성 억압의 역사가 250

년의 노예제보다 길어서만은 아니다. 가정은 부계 중심, 사회는 강한 남성연대의 인정으로 구축되어 있어 여성이 여성과의 관계를 위해 가족관계부터 배반해야 할 처지에 놓이기 때문이다. 또한 노예제 속에서 '흑인＝노예'와 달리, 여자는 모두 '같은 계층의 인간'이 아니기 때문이다. 이해관계가 복잡하게 얽혀 있다. 한편 여자라는 이유로 계층과 지역을 막론하고 겪는 문제도 무시할 수 없다. '여성 문제'는 이 보편성과 개별성 사이에 난감하게 걸쳐 있다. 그러나 여성이 정치 세력화될 때는 개별성을 강조해 연대하지 못하도록 방해한다면, 여성이 하나의 주체적 인간이 되려 할 때는 '같은 여자'로 묶어놓는다.

'여성'에 대해 떠오르는 '인간 유형'이 다양하고 많아질 때 여성 개개인은 '같은 여자'로 묶일 두려움에서 해방될 수 있다. 박근혜의 모습에서 왜 여성이 '여성 정치인의 이미지'를 걱정해야 하는가. 여성이 공적 영역에서 한심한 모습을 보이면 더욱 난처하다. '같은 여자'가 여자 망신을 시킨다는 생각에 남성보다 더 엄격한 잣대를 들이댄다. 다른 여성이 여성의 이미지에 마이너스를 만들면 누군가가 두 배로 활약해서 마이너스를 회복해야 한다.

'여성 권력의 악마화'는 존재한다. "여성의 고위직 진출이 여성 빈곤을 해결하지 않으며 ……"처럼, 업데이트도 안 되는 무한 반복의 수사. '여성 문제'는 결국 '자본주의'의 하위 문제라고 악착같이 말하고 싶어 하는 이들은 이러한 화법을 끈질기게 붙들고 있다. 일부 여성의 권력이 전체 여성의 인권을 보장하지 않는다는 편하고 게으른 진단 (그걸 누가 모르나). 이러한 태도는 남성 지도자를 보편으로 여기도록 만드는 '주체의 식민화' 속에서 '여성' 또는 '흑인'이라는 '특수한' 인종에게만 적용된다. 인류의 역사 속에서 남성은 보편적으로 지도자의 자리를 꿰찼지만 하층계급의 남성이 사라지진 않았다. 우리는 이를 두고 '남성' 지도자의 존재 유무와 연결시키지 않는다. 어떤 선거에서도 "남성이 대통령 된다고 모든 남성의 삶이 나아지지는 않습니다"라는 말은 등장하지 않는다. 그들은 모든 '종'의 인간을 다스려도 되는 '보편' 인간이기 때문이다. 하지만 반복적으로 여성 지도자와 여성 전체의 삶의 질이 무관함을 강조하는 사람들은 여성 권력을 무력화하기 위해 이 화법을 좋아한다.

여성은 여성을 비판하기도, 지지하기도 쉽지 않다. 남성 사회의 평가 기준에 맞춰 비판에 참여하거나 지지를 선택해야 안전하다. 남성 집단의 욕을 먹는 여자에게는 여자도 같이 욕을 해야 하며, 남성 집단의 칭찬을 듣는 여자에게는 여자도 같이 칭찬해야 한다. 그렇지 않으면 '여자의 적인 여자'가 되거나, 여자라서 단순히 여자를 지지하는 평평한 상황이 된다. 남성 사회에서 찍힌 여성은 사라진다. 반면 남성은 여성들에게 아무리 욕을 먹어도 삶을 위협받는 일은 잘 발생하지 않는다. 모두가 남성 사회의 인정에서 자유롭지 않다.

차별받는 사람들이 친절하길 원하는 마음은 여성을 '평화적인 언어' 속에 가두려 한다. 저항의 '올바름'을 강조하며 은근슬쩍 '저항'을 무력화하려는 전략이다. 여성의 역사를 지우듯이 여성의 말에는 '맥락'이 사라진다. 앉아서 소변을 보기만 해도 페미니스트가 되는 남성이 있는 반면, 평생에 걸쳐 제 몸으로 젠더 이슈를 직접 다뤄온 사람들이 한번 '실수'라도 하면 기다렸다는 듯 물어뜯는 태도가 과연 옳을까. 페미니스트의 과실을 옹호하려는 것이 아니다. 한 여성의 성공은 개인의 능력이지만, 한 여성의 실수는 모든 여성의 실패로 만들려는 남성연대 사회의 비겁함을 지적하는 것이다.

완전무결은 없다

　　수정주의자라는 명칭은 카우츠키가 자신의 맑스주의와 다른 경향의 맑스주의자들을 마치 종교 재판관처럼 단죄하면서 부른 명칭입니다. 당시 카우츠키의 별명이 '맑스주의의 교황'이었습니다. 그만큼 권위 있는 이론가였다는 의미입니다. 하지만 이 별명은 중세의 종교 재판관처럼 자의적으로 정통과 이단을 심판했다는 부정적인 의미도 담고 있습니다.[6]

　　진짜 마르크스주의자, 진짜 자유주의자, 진짜 사회주의자 …….
이렇게 '진짜 ○○주의자'를 찾는, 정확히 말하면 진짜가 아닌 사람을 축출하려는 태도는 일종의 이념 재판이다. 진정한 혹은 진짜 페미니스트는 누가 정해주는가? 페미니스트를 혐오하는 이들은 진짜의 조건과 자격을 계속 발명한다. "저들은 진짜 페미니스트가 아니다"라고 목청 높이는 이들은 자신의 여성혐오를 메갈리아/워마드 비판이라 우긴다. 한편 페미니스트도 '착한 여자 콤플렉스'에서 완전히 자유롭지는 않다. 이러한 재판에 이의를 제기하기보다는 '진짜'가 되어 남성

연대의 혐오를 받지 않으려는 페미니스트도 있다. 자신은 메갈리아처럼 상스럽지 않은데 같은 페미니스트로 묶일까 봐 초조하고 두려운 '페미니스트'는 앞장서서 메갈리아 진압에 나선다. 나는 메갈리아와 다르다고 선을 긋는다. 경멸의 의미로 '트페미'라 부르며 트위터를 비롯한 온라인의 여성 목소리를 비하한다.

2016년 5월 강남역 살인사건 이후 강남역에 포스트잇을 붙인 여성들은 메갈리아나 트페미와 과연 무관할까. '내가 원래 페미니스트였는데', '내가 진짜 페미니스트인데' 같은 생각으로 내가 저 '트페미'보다 옳고 더 잘 안다는 생각은 과연 옳은가. 페미니스트라는 정체성이 페미니즘의 보안관 역할을 할 수 있는 자격증을 주는가. 이런 태도야말로 페미니즘을 인정투쟁에 휘말리게 한다. '해봤던 사람들'의 경험과 지혜가 유용하지만, 동시에 '해봤던 사람들'이 두려움을 동반한 보수성을 지니지 않는지 경계해야 한다. "내가 해봤다. 그래서 안다"거나 "해봤더니 안 되더라"며 해보려는 사람들에게 '바른길'을 제시하는 태도는 때로 억압의 얼굴로 나타난다.

'지금, 여기'의 페미니스트는 늘 배은망덕하다. 페미니스트를 혐오하는 집단은 과거의 페미니스트 혹은 자신의 일상과 전혀 무관한 먼 나라의 페미니스트를 끌어와 '지금, 여기'의 페미니스트를 비판한다. 옛날의 페미니스트는 정말 대단하지만 요즘 페미니스트들은 아니라는 식의 말은 언제나 실소를 자아낸다. 그 '옛날 페미니스트'가 만약 자기 옆에 있어도 좋아할까. 페미니스트보다 페미니즘의 보안관이 더 많다. 메갈리아 이전에는 남성 지식인들이 페미니즘을 비판하려고 '주류 페미니즘'이라는 말을 즐겨 사용했다. 나는 페미니즘 일반을 비판한 것이 아니라 단지 '주류 페미니즘'을 비판할 뿐이라고! 때로 '주류 페미니즘'은 다른 말들, 예컨대 '그 페미니즘', '무뇌아 페미니즘' 등으로 대체된다. 이로써 일부를 향한 정당한 비판임을 강변한다.

진짜(좋은)와 가짜(나쁜)에 대한 구별은 하나의 이데올로기로 작동한다. 이는 순수와 비순수, 곧 순수와 오염이라는 이미지를 만들며, 그것은 '우리'와 타자를 구별하는 기준이 된다. "'참된' 민족과 '참된' 문화와 '참된' 공동체, 그리고 폄하하고 공격해도 문제되지 않는 '참되지 않은' 타자들이라는 대립 구도를 구축하는 전략을 나는 곰곰이 들여다보았다."[7] 순수, 진짜, 참됨을 향한 숭배는 극우의 정신에서뿐 아니라 많은 운동 진영에서도 나타나는 현상이다. 진짜인 우리와 극단주의자라는 저들을 만들어 저 타자들을 축출의 대상으로 삼는다. 진짜 페미니즘에 대한 증명은 꾸준히 헛수고가 될 것이다. 동시대 페미니즘은 꾸준히 '남성혐오'로 번역될 것이기 때문이다. 진정성은 죽어야 증명된다. 진정한 페미니스트란 자신의 현재를 방해하지 않는 페미니스트다.

페미니스트가 못마땅하지만 성차별주의자로 불리긴 싫은 이들은 때로 벨 훅스의 《모두를 위한 페미니즘Feminism Is for Everybody》이나 엘리자베트 바댕테르Elisabeth Badinter의 《잘못된 길Fausse Route》, 나오미 울프Naomi Wolf의 〈페미니스트의 얼굴을 한 파시즘Fascism with a Feminist Face〉과 같은 글을 제멋대로 납작하게 이해한 채 '환영'한다. 페미니스트의 입으로 페미니즘을 비판하고 반성하는 글 뒤에서 페미니즘을 비웃을 수 있기 때문이다. 나는 페미니즘이 완전무결하며 언제나 '올바른 길'만 걸어왔다고 말하는 게 아니다. 오히려 페미니즘에게 완전무결한 요구를 하며 정의를 가장해 페미니스트의 입을 봉쇄하려는 시도를 비판하는 것이다. '모두의 진정한' 평등과 정의를 위해 여성을 열심히 단속하는 그 마음의 진정성이야말로 의구심의 대상이 아닐 수 없다.

'완벽한 진짜'만이 허락된다는 것은 다양한 경합과 충돌을 통한 성장을 억압한다는 뜻이다. 예를 들어 여성이 주연이거나 감독일 때 '진짜' 여성영화인지 아닌지 따진다. 여기서 여성영화란 무엇일까. 영화를 비판하는 것과 '여성영화가 아니다'라고 말하는 건 다른 문제다. 여성 감독이 여성을 주연으로 영화를 만들면 투자조차 받기 힘든 현실을 외면한 채, 여성이 여/전사로 나와 폭력을 행사했으니 진짜 여성영화가 아니고, 모성 이데올로기에서 자유롭지 않으니 진짜 여성영화가 아니며, 여성이 승자독식 자본주의 사회에 부역하는 인물이니 진짜 여성영화가 아니라고 말한다. 한국에서 여성 감독이 만든 영화는 2015년 232편 중 12편, 2016년 276편 중 26편에 불과했다. 여성이 참여할 수 있는 기회조차 적다. 일단 여성이 나오고, 망작부터 걸작까지 참여하는 영화 자체가 많아져야 하다. 양적 성장이 있어야 다양한 개인이 보인다. 흐릿한 '여자들'이 아니라 또렷한 한 사람의 여자/사람이 보여야 한다.

프랑스에서 동성결혼이 합법화될 때 '진보적인' 사람들 중 일부는 "결혼제도는 요즘 이성애자들도 점차 거부하는 제도인데, 더 진보적인 관계에 대한 대안을 내놓지 못하고 왜 이성애자들을 따라하는가"라는 의견을 꼭 보였다. 마찬가지로 여성이 거친 액션을 선보이면 "남성의 폭력성을 왜 여성이 따라하는가. 이것은 성평등과 무관하다"라는 의견이 꼭 등장해 여성을 가르친다. 선택권이 다양한 이들의 느긋하고 오만한 가르침이다. '원래' 우리의 영역에 저 소수자들이 들어와 우리를 따라한다는 시각 자체는 얼마나 오만한가. 졸작과 걸작 사이에서 여성의 졸작은 더욱 졸작 취급을 받고, 걸작의 선은 더 높이 올라가 있다. 아마존을 잊은 이들은 '전사'가 '원래' 남성의 영역인 줄 안다. 통념적 남성성은 생물학적 남성만 소유한 줄 안다.

하나의 진짜 길만 있는 사회보다는 여러 종류의 다른 길이 있는 사회가 옳다. 물론 '잘못된' 길에 이르거나 위험한 길에 다다를 수 있으며, 길을 더럽힐 수도 있다. 때로는 막다른 길에 이르러 다시 돌아와야 할 수도 있다. 그렇게 수많은 오류와 실패를 반복하며 길을 알아갈 권리가 있다. 누구도 그 권리를 박탈할 수 없다. 실패를 쌓아 균열을 만들 권리가 있다. 실패조차 하지 못하면 영원히 고립된다. 완벽하지 않아서 부정당할 필요는 없다.

시위를 억압하며, 배후를 찾고, 전문 '꾼'으로 뒤집어씌우며, 남성혐오자라는 낙인을 찍고 싶은 이들이 '평화시위', '순수한 촛불시민', '선량한 노동자', '진정한 페미니스트', '진짜 유가족' 등의 언어를 구사한다. 그들이 무엇으로 불리든, '메갈리안'이든 '온라인 페미니스트'든 '게이'든 '남성 페미니스트'든, 그 누구든 일단 페미니즘에 대해 더 참여적으로 발언하는 현실이 침묵을 강요당하는 것보다 낫다.

걱정해주는 이유

지인들과 바비큐 파티를 하고 있었다. 한 남성이 요즘 '성 갈등'이 문제라기에 어떤 '성 갈등'이 있느냐고 되물었다. 그는 '여혐(여성혐오)'과 '남혐(남성혐오)'이 다 문제라고 했다. '남혐'은 뭐냐고 나는 재차 되물었다. "오유(오늘의 유머)에서 봤어요"라며 그는 '고기파티'를 '남혐의 증거'로 들이댔다. 2016년 인터넷 커뮤니티 워마드에서 한국전쟁을 '고기파티'라 표현하며 참전용사를 비하하는 발언을 했다. 이 말은 표현도 끔찍하고, 옹호받거나 이해받을 이유가 없다. 그러나 일부 여성 커뮤니티에서 만들어진 단어를 놓고 심연을 다 알 수도 없는 여성혐오 '문화'와 동격으로 취급하여 "여성도 똑같이 남성을 혐오한다"고 주장하는 건 매우 억지스럽다. 그야말로 나의 고기파티가 엉망이 되는 순간이었다.

그는 미디어가 '갈등'을 일으킨다고 걱정했다. 여성혐오가 부풀려져 있다는 것이다. 하지만 실제로는 여성의 '버르장머리 없는 말'이 확대경을 통해 지나치게 부각되며, 현실에 만연한 차별은 은근슬쩍 가려진다. 재중동포는 범죄와 연결되고, 지적 장애는 공포의 대상이 되며, 식당에서 기저귀를 버리고 간 '무개념 엄마'에 대한 이야기는 도시전설처럼 퍼져나간다. 장애인은 비장애인에게 위협적이며, 무개념 엄마 때문에 식당이 피해를 보고, 여성의 소비가 남성을 병들게 한다는 듯이 각자 자신을 피해자로 만들려고 애쓴다. 이런 사람들은 모두 근심에 휩싸여 있다. 여성이 패륜의 언어를 사용해서, 재중동포가 여성을 대상으로 범죄를 저질러서, 엄마들이 식당에 피해를 줘서, 이 현상을 막아야 한다고 생각한다. 걱정의 이름으로 억압이 시작된다.

페미니즘을 '걱정하는 사람들'은 페미니즘을 종종 지배하고 진압하려 한다. 실제 성차별주의자라 하더라도 자신이 성차별주의자로 불리기를 원치 않는다. 《혐오사회Gegen den Hass》를 쓴 카롤린 엠케 Carolin Emcke는 이러한 걱정의 실체를 잘 표현하고 있다. "속에는 혐오와 원한과 경멸을 품고 있으면서도 겉으로는 걱정이라는 모습을 띰으로써 용인할 수 있는 한계점의 위치를 옮겨놓는 것"[8]이다. 일상에서 흔히 하는 "이게 다 널 걱정해서 하는 말이야", "너를 위해서야"라는 말은 페미니즘을 걱정하는 척하면서 실제로는 걱정거리를 찾는다. '수구' 우파가 북한 인권을 걱정하듯이. "걱정의 대상이 반드시 그 원인과 일치하는 것은 아니며, 또한 걱정의 대상은 때로 걱정하기에 적합한 것처럼 만들어지기도 한다."[9]

나의 걱정과 내가 걱정하는 그 대상의 관계를 잘 생각해야 한다. 많은 경우, '내가 걱정하게 만들 일을 하지 말라'는 억압으로 향한다. 지배하고 통제하려는 욕망이 걱정이라는 이름으로 풀려나와 관계를 휘젓기 시작하면 동등한 인격적 관계는 사라지고 만다. 여성에 대한 수많은 걱정이 여성을 지배한다. 옷을 그렇게 입으면, 여자가 담배를 피우면, 여자가 술을 마시면, 여자가 안경을 쓰면, 여자가 너무 똑똑하면, 심지어 여자가 다리 사이에 우산을 끼우고 앉으면 …… 다 걱정거리다. 어린아이들에게 페미니즘 교육을 하는 교사를 비판할 때도 아이들이 보편적이지 않은 성 의식을 접할 '위험'을 우려한다. 페미니즘은 '보편'이 아니라는 생각이 팽배하다. 그러나 페미니즘은 '보편'과 '상식'을 재구성하고 기존의 남성 중심 보편에 의문을 제기한다.

나는 과연 '진짜' 페미니스트인가. 페미니스트가 '되고' 싶지만 이러한 걱정 속에서 혹시 자신이 페미니즘에 민폐를 끼치거나 페미니즘의 이름에 먹칠을 할까 봐 위축되는 여성들도 있다. 스스로 '완성형' 페미니스트는 '이 구역의 보안관'이 되어 페미니즘을 걱정하면서 페미니스트 단속에 앞장선다. 가정을 지키려고 가족을 억압하듯이, 페미니즘을 걱정하느라 정작 삶을 외면한 검증이 난무한다. 페미니즘은 걱정할 필요 없다. 중요한 것은 삶이다. '페미니스트라면 이래야 한다'는 굴레가 무의미하지는 않으나, 페미니스트를 단속하는 도구로 악용되어서는 곤란하다.

특정 개인의 악행은 그가 속한 집단(여성, 이주자, 성소수자 등)의 이미지를 부정적으로 만들기 위해 선별되며 더 강조된다. 여성이 얼마나 많은 '죄'를 저지르는지는 과하게 재현되고 알려져 있다. 진짜 맘충, 진짜 페미나치, 진짜 된장녀가 있다고 우기며 '맘충', '된장녀', '페미나치', '메갈충'이라 부르려고 애쓴다. 이런 사람들은 공동체를 위해 마땅히 솎아내야 하는 존재이기에 혐오받아 마땅하다고 우긴다.

자신의 권리와 공동체를 위한 정의로운 방어일 뿐 차별이나 공격적 행동이라고 여기지는 않는다. "빨갱이는 죽여도 돼"라는 극우의 목소리처럼 '메갈'은 죽여도 되는 존재가 된다. 여성을 죽이러 가는 생방송을 펼친 '갓건배' 사건이 이를 잘 보여준다.

나름 점잖게 걱정하는 사람들은 여성에게 싸움의 방향을 정해준다. 정답을 안다고 확신하는 사람들은 답을 찾으려는 사람들을 자꾸 통제한다. 답은 내가 안다, 내 말을 들어라, 그것은 평등이 아니다 ……. 페미니스트가 '내 안의 여성혐오'까지 찾느라 자기검열에 시달리는 동안 어떤 이들은 페미니스트를 구별하고 평가하려 한다. '잘하는지 못하는지', '어디 네가 하는 말이 맞나 들어보자' 따위의 태도로 임하는 경우가 있다. 스스로를 '객관적 관찰자'에 놓는 습관에 길들여진 이들은 자기반성이 결여된 태도로 판관의 위치에서 발화한다. 자꾸만 교훈을 주려 한다. 이를 이성적이거나 객관적인 태도라고 착각한다. '단지 페미니즘을 떠나', '젠더 이슈를 넘어'와 같은 수사는 그럴듯하게 들리지만 실은 그렇지 않다. 지금 이 자리의 문제도 제대로 바라보지 못하면서 뭘 떠나고 뭘 넘는단 말인가? 거시적인 안목을 갖춘 척하면서 여성이 제기하는 문제를 두루뭉술하게 넘기려 한다. 그들은 페미니즘과 페미니스트를 아쉬워하고, 비판하고, 가르치고, 지적하고, 찬양하고, 다 하지만 자신이 페미니스트가 될 생각은 안 한다. 될 필요가 없기 때문이다.

재발견의 반복

1916년 2월 5일, 스위스 취리히에 '카바레 볼테르Cabaret Voltaire'가 문을 열었다. 2월 8일에는 카바레 볼테르에 모인 젊은 예술가들에 의해 '다다dada'가 탄생했다. 익히 알려졌듯이 트리스탕 차라Tristan Tzara와 휴고 발Hugo Ball, 장 아르프Jean Arp 등이 바로 이 자리에 있었던 다다의 주요 구성원이다. 마찬가지로 다다의 주요 인물 중 에미 헤닝스Emmy Hennings가 있다. 에미 헤닝스는 휴고 발의 아내이며 '카바레 볼테르'의 공동 설립자다. '발의 아내'라는 점 외에 작가로서는 상대적으로 덜 알려졌지만, 발을 만나기 전 이미 뮌헨에서 전위적 시인들과 교류하며 자신의 시집도 출간한 시인이었다. 정치적으로 급진적이었던 그는 독일 좌파 매체에 글을 썼고, 이후 발이 만든 잡지《혁명Revolution》에도 글을 기고했다. 제1차 세계대전 중인 1915년에 발과 함께 취리히에 정착할 수 있었던 것은 헤닝스의 '문학친구' 도움이 컸다. 그리고 다음 해 헤닝스와 발은 함께 카바레 볼테르를 열었다. 당시 헤닝스는 취리히에서 '카바레 볼테르의 별Star of the Cabaret Voltaire'이라고 불렸다. 당대에 활발히 활동했음에도 후대에 덜 알려진

것은 그가 약물중독이나 자유로운 연애, 도박, 사회운동 참여, 몇 년 간의 감옥 생활 등으로 인해 '익명의 예술가'로 활동하길 선호했기 때문이었다. 여성의 사생활에 대한 공격이 얼마나 무시무시한지 생각하면 그럴 만도 하다.

다다에 이어 초현실주의는 예술사의 '운동'으로서 중요한 위치를 차지할 뿐 아니라 여성 예술가들이 예술운동에 본격적으로 참여했다는 점에서 또 다른 중요한 이정표다. 안타깝게도 후자의 중요성은 과소평가되었고, 관련 작가들은 주로 1980년대 이후 조금씩 재발견되었다. 여성 작가들은 1929년부터 초현실주의 전시에 참여했지만 1934년까지 공식 사진에 등장하지 않는다. 공식 사진을 찍을 때는 남자들끼리 찍었으며, 여성 작가들은 이 남자들의 사적인 모임 사진에 등장한다. 1935년 코펜하겐과 프라하에서 열린 전시 카탈로그에 나온 사진이 첫 공식 사진이었다.

20세기 초 전위적인 작가들 중에 가장 알려진 여성 작가는 아마도 한나 회흐Hannah Hoch가 아닐지. 이외에도 수잔 뒤샹Suzanne Duchamp, 베아트리체 우드Beatrice Wood, 클로드 커훈Claude Cahun, 미나 로이Mina Loy, 내털리 바니Natalie Barney, 레오노르 피니Leonor Fini, 소피 토이버아르프Sophie Taeuber-Arp, 그리고 에미 헤닝스 등 수없이 많은 여성들이 있다. 1920년대 전후로 파리의 몽파르나스 지역에는 여러 나라의 여성 작가들이 모여들었다. 작가뿐 아니라 실비아 비치Sylvia Beach 같은 출판인(세익스피어 앤드 컴퍼니Shakespeare and Company 설립자)은 영국에서 거부당한 제임스 조이스James Joyce의 《율리시스Ulysses》를 프랑스에서 출판했다.

1970년대 초 페미니즘 운동의 영향으로 미술사는 잊혔던 많은 여성 작가들을 재발견했다. 예를 들면 1978년과 1982년에 기획된 프리다 칼로Frida Kahlo의 전시는 당시까지 잘 알려지지 않았던 칼로의 작품을 대중에게 알렸다. 케이 세이지Kay Sage의 시와 그의 자서전《차이나 에그China Eggs》는 1996년에 출판되었고, 레오노라 캐링턴 Leonora Carrington은 1999년 4월 뉴욕에서 열린 전시를 통해 약 50년 만에 다시 알려졌다.

여성 초현실주의자들의 작품 대부분은 휘트니 채드윅Whitney Chadwick, 캐서린 콘리Katherine Conley, 메리 앤 카우스Mary Ann Caws, 루돌프 쿠엔즈리Rudolf Kuenzli, 조르지아나 콜빌Georgiana Colville에 의해 1980년대 이후부터 점점 더 많이 연구 소재가 되었다. 미국에서 1985년에 출판된 휘트니 채드윅의 저서《여성 작가와 초현실주의 운동 Women Artists and the Surrealist Movement》은 21명의 예술가에 대한 연구를 소개한다. 메리 앤 카우스와 루돌프 쿠엔즈리는 1991년 MIT출판사에서 나온《초현실주의와 여성 Surrealism and Women》에서 초현실주의와 여성혐오의 관계를 비평한다. 이 책은 특히 메레 오펜하임Méret Oppenheim과 조이스 만수르Joyce Mansour에 집중되어 있다.《그녀들에 대한 스캔들 Scandaleusement d'elle》(1999)에서 콜빌은 여성 초현실주의자 34명의 그림과 사진, 수필 등을 모았다.

초현실주의자들은 예술사에서 가장 열정적으로 사랑과 욕망에 대한 찬사를 시도했고, 여성을 숭배한 예술사조다. 앙드레 브르통

André Breton에 따르면 "시는 침대에서 만들어진다".[10] 여기서 시를 쓰는 사람은 남성이다. 그렇다면 여성은? 자비에르 고티에Xavière Gauthier는 《초현실주의와 섹슈얼리티Surréalisme et sexualité》(1970)에서 초현실주의자들에 의해 여성이 신화적으로 재현되는 모습을 정리했다. 여성은 안드로진, 여성-자연, 여성-꽃, 여성-아이, 여성-과일, 여성-대지, 여성-별, 악마적 여성, 창녀, 팜므파탈, 마녀 등으로 나타난다. 여성들은 매력, 사랑, 광기, 꿈, 그리고 순수의 매개다. 많은 초현실주의 남성이 여성을 창작자로 인식하지 않았다.

성별에 따른 자연스러움의 관념은 여성이 참여할 수 있는 예술의 범주도 제한한다. "루소는 여성 살롱 관계자를 남성의 '자연적' 지배를 위협하는 인물로, 그리고 살롱을 남성이 여성의 지배 아래 놓이게 되는 '감옥'으로 간주했다. 대개 여성에게 '자연스러운' 영역을 공식화하는 데 주력했던 루소의 저작들은 언어를 사용하고 관리하는 대변인이라는 여성의 공적 역할을 거부하고 있다."[11] 이처럼 인간 사회에서 '자연스러움'은 권력에 의해 재배열된다. 여성이 조각을 하거나, 살롱을 운영하거나, 큰 건물을 설계하는 일 등은 자연스럽지 않다고 여겼다. 여성의 창작은 주로 세심한 기술을 필요로 하는 공예에 한정했으며, 오랜 세월 예술사는 이 공예를 '한 수 아래의 예술'로 취급했다. 그렇게 여성 주체를 지워왔다.

여성이나 성소수자의 창작 혹은 운동에 대한 책을 읽다 보면 자주 만나는 표현이 있다. 'rebirth'와 'be rediscovered', 곧 여성과 성소수자들은 꾸준히 '재탄생'하고 '재발견되는' 존재들이다. 're-'라는 접두사는 사회의 약자와 소수자가 어떻게 매번 '다시' 처음부터 역사를 써나가는지 잘 보여주는 언어다. 스스로 서사를 구성하지 못하도록 매번 방해받는 존재는 매번 다시 시작해야만 한다. 근대와 함께 새로 태어난 '신'여성처럼. 신여성은 당시 나라마다 비슷한 이름으로 태어났다. 삭제되고 왜곡된 과거를 복원하며 수정하느라 과거의 인물로 살아간다. 현재가 없다. 현재는 어떻게 점령당하는가. 현재의 목소리는 종종 노골적으로 무시당하거나 더 중요하다고 여겨지는 과제들에 밀려 들리지 않는 상태로 갇힌다. 그리고 먼 훗날, 닫힌 관 속에서 창백하게 '재발견'될 때까지 버텨야 한다.

　'지금, 여기'에는 항상 '더 중요하고 시급한' 문제들이 있다. 문제의 우선순위를 정할 수 있는 권력이 지배자다. '나중'은 실체가 없다. 나중이라는 시간은 결국 '영원히 나중'이 된다. 그렇게 저항의 목소리는 '지금, 여기'에서 점령당한다. 역사가 조금이라도 진보하는 순간은 나중으로 밀려나는 목소리를 바로 지금 여기에서 들리도록 만드는 그 순간이다. 지금이라는 시간과 여기라는 장소를 박탈당한 이들이 바로 사회의 약자다. 소수자들의 '저항 축제'는 그래서 필요하다. 그 시간 그 장소에서 '일시적 해방'을 통해 목소리를 내고 자유롭게 움직일 수 있다. 현재는 그토록 귀하며, 여기의 안전은 언제나 불안하다. 지금 들리는 목소리, 지금 보이는 몸짓을 막지 말아야 한다. 재발견의 번거로움을 남기지 말고, 지금 여기의 존재를 억압하지 않으며, 그 목소리를 묵살시키지 않는 것이 최선의 진보다. '우리'는 말하고 움직여야 한다.

'젊은' 페미니스트를 보고 혀를 끌끌 차면서 페미니즘이 2015년에 처음 나온 줄 아느냐고 답답해하는 사람들이 있다. 1990년대 '선배 페미니스트'를 끌어와 그들을 진심으로 존경한다고 말하며 에둘러 '요즘 것들'을 비판하는 남성, 1990년대에 많이 배우고 참여해서 스스로 '선배'인 페미니스트도 있다. 실제로 "요즘 페미니즘이 붐"이라거나, "요즘 핫한 페미니즘"이라는 표현을 접할 때 심란하다. 인권이 유행의 대상인가. 그러나 왜 많은 여성이 여성운동사를 잘 모르겠는가. 페미니스트는 탄생할 때마다 밟히기 때문에 매번 새로 태어난다. 언제나 진정한 페미니스트는 죽은 페미니스트다. 그 1990년대 페미니스트들도, 더 거슬러 올라가 20세기 초의 수많은 '신여성'들도 당대에는 매번 죽었다가 훗날 다시 살아났다.

많은 여성들은 여성의 지성사, 노동사, 운동사 등이 전수되지 못하는 환경 속에서 이를 '알기 위해' 때로는 주변의 눈치까지 봐야 한다. 그렇게 알아가는 과정에서 종종 흥분하며, '알고 있는 나'와 '아직 모르는 구세대 여성인 너'를 분리하려는 태도를 보이기도 한다. '코르셋'을 벗었다고 생각하는 '나'는 아직도 코르셋을 착용하는 여성을 쉽게 몰아세운다. 이 척박한 세상에서 용기 내 말하는 '나'에 대한 선구자 의식도 가진다. 또한 '아줌마'와 '기혼' 페미니스트에 대한 편견을 품은 젊은 비혼 페미니스트도 있다. 그러나 이런 모습들을 확대하고 과장해 '요즘 젊은 것들'이 뭘 모르고 오만방자하다며 가르칠 필요가 있을까. 말하는 사람이 늘어나서 세상을 시끄럽게 만드는 데 참여하는 것만으로도 이미 견고한 벽은 금이 간다. 그러한 과정 속에서 생각이 익어간다. 더 시끄러워져야 한다. 그중에는 진짜 문제가 되는 발언도 있겠지만, 들을 말도 그만큼 많아진다.

페미니즘은 다시 잊혔다가 2040년 즈음에 또 '붐'이 올지도 모른다. 누군가는 또 '재발견'될 것이다. 그렇게 반복하더라도 실패를 쌓아 성장할 수 있다. 말은 타인에게 보내는 신호다. 여성의 입을 막는 것은 타인에게 보내는 신호를 차단시켜 여성 개개인을 고립시키는 전략이다. 더 들리고 더 보이는 존재가 되어야 한다. 나만 겪는 문제가 아니라는 인식이 형성되면 연대에 대한 희망이 생기고, 목소리에 목소리를 보태어 힘을 낼 수 있다. 그렇게 매번 다시 시작하더라도 그 시작점은 다른 곳에 있을 것이며, 함께 시작하는 사람들은 더욱 늘어날 것이다.

무엇이 나를 이렇게 만들었는가

　　영화 〈박열〉을 보고 가네코 후미코金子文子에 대해 더 자세히 알고 싶었다. 그동안 잘 몰랐다는 생각에 빨리 알아서 스스로 이 민망함을 지우자는 조급함도 있었다. 책을 찾아보니 세 종류가 있다. 하나는 가네코 후미코가 쓴 옥중수기이고, 다른 하나는 역사학자 야마다 쇼지山田昭次가 쓴 평전 《가네코 후미코金子文子》이다. 마지막으로 한국 저자가 박열과 가네코 두 사람을 함께 다룬 책이 있었는데, 이는 영화 개봉과 비슷한 시점에 출간되었다. 평전과 함께 옥중수기를 읽으려고 보니 옥중수기만 무려 세 종류였다. 이 중 둘은 영화보다 한참 전인 2012년 출간되었다. 어떤 책을 고를까 살펴보다가 나는 제목이 더 마음에 드는 쪽을 선택했다. 《무엇이 나를 이렇게 만들었는가何が私をかうさせたか》.[12] 책을 다 읽고 보니 이 제목이 역시 가장 잘 어울린다. "나도 결코 내가 꼬여 있지 않다고도, 뒤틀려 있지 않다고도 말하지 않겠다. 사실 나는 꼬여 있었다. 또한 뒤틀려 있었다. 하지만 무엇이 나를 이렇게 비뚤어지게 했는지."(158쪽) 가네코 후미코는 자신이 살아온 여정을 통해 현재를 설명한다. 후딱 읽을 줄 알았는데 생각보다

가네코 후미코
부모와 지역사회의 돌봄을 받지 못한 그가 민족이나 국가를 중
심으로 사고하지 않는 것은 당연해 보인다.

오래 붙들고 있었다. 그의 삶이 너무 가혹해 짧은 문장 사이에서 긴 호흡이 필요했다.

가네코의 어머니는 '억척 어멈'이 아니라서 계속 남자를 찾지만 번번이 실패한다. 1900년대에 여자 혼자서 자식을 기르며 생활하기 어려우니 남자를 찾고, 주변에서도 남자를 계속 소개한다. 그러나 나아지는 것은 '전혀' 없다. 이 남자들은 식모와 유모가 필요해서 재혼을 하거나 후처를 찾을 뿐이다. 자신의 처제와 바람나서 자식을 버리고 집 나간 아버지를 비롯해, 가네코의 어머니가 만난 남성들은 하나같이 무책임하고 무능력하며 불성실하기 짝이 없다. 술과 노름은 기본이고 폭력을 휘두른다. 가네코의 아버지는 가부장의 권위는 원하면서 자식을 끝까지 호적에 올리지도 않아 가네코와 그의 동생은 모두 무적자, 즉 법적으로 이 세상에 없는 사람이었다. 가문과 체면, 조상을 중시한다는 점이 한국과 비슷하기도 했던 일본에서 1900년대의 무적자는 천하고도 천한 인간으로 취급받았다. 이로 인해 가네코는 온갖 멸시와 구박을 받는다. 가네코는 결국 외조부의 호적에 막내딸로 오르고, 남동생은 아버지와 함께 사는 이모가 자신의 사생아로 호적에 올린다. '가네코'는 어머니 쪽의 성이다.

가네코는 자신이 학대받은 경험을 기록하며 "가장 대표적이며 가장 잔혹한 구박의 기록은 아니다. 나는 일부러 그것은 쓰지 않았다"(158쪽)라고 한다. "'그것은 당신의 성격이 꼬이고 뒤틀려 있기 때문이다. 당신의 할머니가 아무리 냉혹하다 해도 설마 그 정도일 리는 없어'라는 말을 들을 거라고 생각하기 때문"(158쪽)이라고 한다.

그럴 리 없어, 그런 사람 못 봤어, 네가 너무 지나친 거 아냐? …… 아무도 자기 말을 믿지 않는 경험을 해본 사람이라면 이 심정을 이해할 것이다.

가네코가 조선에 도착해 고모와 할머니 집에서 보낸 7년은 혹독하기 그지없다. 그들은 처음에는 가네코를 가난에서 구제해 교육도 받게 할 것처럼 데려갔지만, 실상은 전혀 그렇지 않았다. 툭하면 가두고, 내쫓고, 굶기고, 온갖 일을 부려먹고, 구타했다. 학대와 배고픔 속에서 가네코가 자신과 동일시한 대상은 마당에서 떨고 있는 개나 핍박받는 조선인이었다. 그의 조선 생활 중 따뜻한 말로 밥이라도 한 끼 챙겨주려 한 사람은 조선인 아줌마였다. 밥 먹었냐는 말 한마디에 가네코는 울음이 터진다. 부모를 비롯하여 핏줄, 자신이 속한 지역사회 내에서 제대로 돌봄을 받지 못한 그가 민족이나 국가를 중심으로 사고하지 않는 것은 당연해 보인다. 그가 일본으로 돌아오자 가네코의 아버지는 자신의 처남인 가네코의 외삼촌이 상속받을 재산을 노려 가네코를 외삼촌과 혼인시킬 계획까지 세운다. 외삼촌 또한 '처녀'와 살기 위해 자신의 조카를 아내(라는 이름의 식모)로 만들려 한다. 두 남자 사이의 조약은 가네코가 또래 남성과 연애를 하면서 깨졌고, 아버지는 가네코에게 '화냥년'이라 욕을 퍼부으며 구타한다.

가네코가 아버지를 벗어나 도쿄에 와서 연애한 남자들은 일본인이나 조선인이나 그를 '노리개' 삼았다. 임신 따위 걱정 안 하는 일본인 남자친구, 같이 살자고 하더니 조선으로 튀어버린 조선인 유학생. "나는 지금까지 너무나 많은 타인의 노예로 살아왔다. 너무나 많은 남

자의 노리개였다. 나는 나 자신의 삶을 살지 않았다."(335쪽) 가네코는
도쿄에서 식모살이, 노점 일 등을 거치며 공부를 하려고 발버둥치지
만 끼니를 때우기도 버겁다. 수많은 상처를 안고 '나 자신의 일'에 대
해 생각한다. 무엇을 할 것인가. "아마 이것은 하쓰요 상을 알게 되면
서 하쓰요 상이 내게 읽게 해준 책들의 감화 때문인지도 모른다. 또
하쓰요 상 그 자신의 성격이나 일상생활에 자극을 받아 그런 생각이
들었는지도 모른다."(335쪽)

가네코가 자기 인생에 '단 한 명의 여성'이라 말한 니야마 하쓰요
新山初代는 그의 지적 성장에서 중요한 영향을 준 친구다.

> 《노동자 세이로프》를 감격에 겨워 나에게 권한 것도 하쓰요
> 상이었다.《죽음의 전야》를 빌려준 것도 하쓰요 상이었다. 베르
> 그손이나 스펜서나 헤겔 등의 사상 일반을, 혹은 적어도 이름이
> 라도 알게 해준 사람이 하쓰요 상이었다. 그중에서도 가장 많이
> 나의 사상에 영향을 준 것은 하쓰요 상이 갖고 있던 니힐리스틱
> 한 사상가들의 사상이었다. 슈티르너, 알티바세프, 니체 그런 사
> 람들을 알게 된 것도 그때였다.(331쪽)

니야마 하쓰요는 가네코가 이 수기를 쓸 때 결핵으로 옥중에서
이미 죽었다(영화 〈박열〉에서 폐병 환자로 나오는 여성이다).

짧은 생을 꼼꼼히 기록한 그의 수기는 한 개인의 인생이며 조선
과 일본의 미시사다. 그가 조선에 머무는 동안 경험한 장날의 풍경이

나 철도 건설로 인해 변화하는 사람들의 일상, 당시의 교육제도 등도 살펴볼 수 있다. 또한 그는 일본의 시골에 머물던 시절을 기록하며 '도시가 어떻게 시골을 착취하는지'에 대한 통찰력 있는 시각도 보여준다. 나는 무엇보다 이 책을 읽으면서 '체면'에 억눌린 사람들의 모습에 몸서리쳤다. 무책임한 이들의 체면 타령. 가네코 후미코의 수기는 그런 사회에서 나 개인에 대한 존엄함을 잃지 않으려는 한 사람의 분투 과정을 기록한 글이다.

"조국을 버리고 사랑하는 남자와 뜻을 함께한 여자"로 가네코를 소개하는 방식은 성차별적이다. 조국을 버리고 남자를 택한 것이 아니라 그와 뜻이 맞는 남자를 만난 것이다. 게다가 '박열의 연인'은 그의 인생에서 한 부분일 뿐이다. 누구의 여자라는 시각에 갇혀서 보면 한 사람의 인생을 아주 편협하게 그릴 수 있으며, 대부분 여성의 삶이 이러한 편협한 틀에서 기록된다. 가네코 후미코라는 한 개인을 떠나 20세기 초에 일본과 조선을 오가며 성장한 여성의 기록이 그 자체로 너무도 귀하다.

'○○녀'들의 죽음을 애도하며

"인천 콘크리트 바닥 속 백골 시신, '20대 여성 알몸' 추정"[13]

2016년 5월 15일에 이런 제목의 기사를 읽으며 그동안 수없이 죽어간 익명의 여성들이 가장 극단적으로 나타난 사례라고 생각했다. 26년 전에 지어진 건물, 옷도 소지품도 없이 백골로 나타난 20대 여성의 시신(기사는 '알몸'임을 강조한다). 아직까지 시신에 대해 알 수 있는 정보가 없다. 이름도 모르는 한 여성이 건물 바닥에 백골로 묻혀 있는 사건은 하나의 상징처럼 다가왔다. 여성의 죽음은 인간이 쌓아올린 문명과 문화의 밑바닥에 익명으로 깔려 있다. 여성 학대를 구조로 삼아 버티고 있는 사회. 여성의 인권을 짓밟고 서 있는 '인간'의 권리. 이 뉴스를 보고 얼마 후 또 다른 살인사건 소식을 접했다. '강남역 살인사건', 정확히는 '여성살해' 사건이다.

화장실에서 칼을 품고 기다리다가 6명의 남성을 보내고 처음으로 들어온 여성을 살해한 가해자는 "여자들이 나를 무시해서" 범행을 저질렀다고 말했다. 사건의 정황과 가해자의 말은 모두 정확하게 '여성'을 향하고 있다. 이 사건에 대해 '여성혐오'를 주제로 다루는 기사와 칼럼에는 "이슈화하지 말라", "이게 왜 이슈가 되는가", "이런 사건이 처음 있는 일도 아닌데, 왜 이번에는 유난을 떠는가"라는 댓글이 달린다. 죽어서도 '트렁크녀', '가방녀' 등으로 불리는 수많은 이름 모를 여성들의 죽음이 '일상'이라 여성살해에 집단적으로 둔해졌다.

항상 있는 일에 왜 유난을 떠느냐고? 바로 그렇게 항상 있는 일이기 때문이다. 이러한 '문화' 속에서 한국의 경우 여성이 3일에 한 명꼴로 친분 있는 남성(남편이나 애인, 헤어진 연인 등)에게 살해당한다는 사실이 지속적으로 알려지고 있다. 그동안 수도 없이 목소리를 냈으나 듣지 않던 사회는 조직적 추모가 이어지자 난처해서 어쩔 줄 모른다. "강남 묻지마 살인에 위축된 남성들"[14]을 걱정하는 언론처럼 여성살해의 심각성보다 남성의 불쾌감을 충실히 전달하는 목소리가 멈추지 않았다. '남혐'을 걱정하는 언론을 보고 있노라면 '여성에 대한 무시'가 어떻게 규범화되는지 똑똑히 보인다. 여성혐오를 숨기고 '남성혐오'를 걱정하는 사회가 얼마나 신속하고 조직적으로 여성의 언어를 제압하는지 분명하게 직시해야 한다.

가해자는 조현병 환자이며 그가 자신의 범행동기로 밝힌 "여자들이 무시해서"는 '진실'이 아닌 핑계일 수도 있다. 우리가 주목해야 하는 또 다른 진실은 그가 왜 그러한 '핑계'를 끌어왔을까 하는 점이다. 여자에게 무시당한 남자의 분노는 사회적으로 용인될 수 있기 때문이다. 나아가 '여자들이 무시해서'라는 말을 강조하는 언론의 속마음과 이러한 언론의 목소리를 활용하는 남성들의 목소리는 사건의 실체를 보여준다. "그러게 왜 남자를 무시했어", "너도 죽고 싶어?"라는

'농담' 같은 공포의 언어가 실제로 당당하게 펼쳐졌다. 이에 '여성혐오'라는 선명한 단어를 들고 나와 여성들이 남성들의 행동을 명명하는 태도를 보이자 사회 곳곳에서 당황한다. 혐오가 확산되고 있으며 성 갈등이 야기된다고, 여성혐오 '논란'이 벌어진다며 걱정하는 목소리가 울린다.

우리의 언어 속에는 여성의 실제 경험을 설명할 틀이 부족하다. 일상어는 물론이고 사회과학적 언어도 마찬가지다. 똑같은 학술 논문 겉표지에 남자 이름을 적었을 때와 여자 이름을 적었을 때 어떤 반응을 보이는지 실험한 결과, 다른 반응이 나온 사례도 있다. 정말 '논리적'이라서 논리적이라고 생각하는 게 아니라 보편적으로 '남자가 하는 말'을 더 논리적으로 받아들인다. 그렇게 여성의 언어는 제거되며 '여자들은 너무 감정적'이라고 규정된다. 일단 여성이 많이 말하고, 계속 말하고, 크게 말하는 것이 중요한 이유다. 제도적으로 여성의 목소리가 퍼져나가는 것은 남성보다 훨씬 어렵다.

마땅히 필요한 분노 표출을 '갈등'이나 '대결'이라는 이름으로 부르는 것 역시 악의적이다. 여성혐오는 여성을 인간으로 존중하지 않는 태도와 문화이다. 여성을 물리적으로 공격하거나 언어폭력을 사용해야만 혐오가 아니다. 저항하는 여성들의 목소리를 저지하려는 언어 중 '남성혐오'와 '잠재적 가해자'는 분명하게 짚고 넘어가야 한다.

'혐오'라는 언어는 심각하게 오남용되고 있다. 혐오라는 개념에 대해 단지 어떤 대상을 '싫어한다' 혹은 '공격한다'는 것으로 이해하는 경우가 많다. 그래서 '여성혐오자'라고 하면 펄쩍 뛸 사람들이 많다. "내가 여자를 얼마나 좋아하는데, 내가 여성을 혐오한다고?" 안타깝게도 우리 현실은 굳이 '여성혐오자'라는 말이 불필요할 정도로 성차별주의를 공기처럼 마시며 살고 있다. '여성혐오의 확산', '남녀 갈등', '분열 조장', '성 대결', '잠재적 가해자', '남성을 일반화' ……. 모두 이상한 말이다. 여성혐오는 확산되는 것이 아니라 더 잘 보이게 되었으며, 성차별에 대항하는 행동은 갈등이나 분열, 나아가 대결을 조장하지 않는다. 인종차별에 저항한다고 이를 인종갈등이나 인종분열, 혹은 인종대결이라고 말하지 않는 것과 마찬가지다.

'잠재적 가해자'는 여성의 과거와 현재 일어나는 일을 모두 지워버리는 언어다. 잠재적 가해자로 취급하지 말라는 말은 성차별에 대한 인식이 전혀 없다는 고백이다. 우리의 '남아선호' 악습부터 온갖 경조사, TV의 예능방송, 가정에서의 성역할, 광고를 비롯한 각종 미디어에 등장하는 여성의 성적 대상화, 직장 내 성희롱 등 성차별과 무관한 일상은 찾기가 어렵다. '남성연대'는 여성혐오를 기반으로 하며, 여성도 이 혐오에 동참하지 않으면 남성 사회의 '인정'을 받기가 어렵다. 여성혐오에서 대부분이 자유롭지 못하며, 이미 참여하는 '공범'을 인식해야 한다. 성차별 사회에 저항하지 않는 '평범한' 사람들의 평범한 일상은 대개 차별에 대한 참여로 이어진다. '잠재적 가해자'라는 표현은 현재의 착취에 스스로 면죄부를 주는 표현이다.

여성다움은 대부분 '무시당해도 가만히 있는' 성질이다. 이를 '다소곳한', '참한', '청순한', '얌전한', '순한', '조용한' 등의 형용사가 대체하고 있다. 성희롱 앞에서도 여성들은 가해자를 기분 나쁘지 않게 해야 한다. 여성들은 알게 모르게 남자를 기분 나쁘게 하지 않는 인간으로 길러졌다. 여성의 일상에서 '남자에 대한 무시'라고 규정되는 상황은 셀 수 없이 많다. 자기 생각을 말하면 '기가 세고, 설치고, 남자 알기를 우습게 아는' 여자가 된다. 가해자의 '무시해서'라는 말은 많은 여성들에게 구체적인 기억을 떠올리도록 만든다. 여성의 행동에는 '도를 넘는'이나 '지나친'이라는 말이 곧잘 붙어 다닌다. 그렇기에 공개적으로 권리를 주장하는 페미니스트는 툭하면 '페미나치'라는 소리를 듣는다. '페미나치'는 저항의 언어를 뒤집어서 저항하는 자를 도리어 '가해자'로 만드는 대표적인 언어다. 진보 정당의 게시판에서 '페미나치'라는 말이 여성들을 공격하기 위해 등장해도 이는 사회적 문제가 되지 못했다. 다른 '큰일'도 많은데 여자들이 너무 설치기 때문이다. 저항은 조롱당하고, 무시와 무지 속에서 목소리 자체가 소거당하고 있는데도 '올바른' 목소리'만' 허락하겠다는 올바른 사람들의 '진보'는 대부분 여성의 삶과 무관한 진보다.

"혐오에 혐오로 맞서면 안 된다"고 말하는 '점잖은' 태도는 '남성혐오'를 걱정하는 목소리와 만나 꾸준히 여성의 목소리를 '정리'하려고 애쓴다. 이미 존재하는 '여성혐오'에 저항하는 새로운 언어를 '남성혐오'라고 명명하며, 전자의 혐오보다 후자의 '혐오'가 '문제'되도록 만든다. 이제는 추모 현장에까지 '메퇘지들'이나 '메갈년들'이라는 말이 돌아다닌다. 여자들이 뭘 하기만 하면 '메퇘지들'이나 '메갈년들'이라는 말이 튀어나온다. 북한에 관해 이야기할 때 '종북 빨갱이'가 튀어나오면 무슨 대화가 가능하겠는가. 같은 맥락이다. 앞으로 더욱 극심해질 수 있다. 여성들이 '가만히 있지' 않으니까.

　언어의 재개념화는 절실하다. 위안부 피해자에게 광복절은 '광복'과 무관한 날이다. 8월 15일 광복절 즈음 TV에서 "광복절이라고 하는데 우리에게는 해당되지 않는 말이에요. 우리는 해방되지 않았어요"라는 위안부 피해자의 목소리를 듣던 날, 나는 새삼스럽게 충격받았다. '일제로부터 해방'이라는 개념에 대한 나의 무지 때문이었다. 위안부 피해자에게 '일제'는 끝나지 않았다. '공식적' 해방과 무관한 이들을 인식하지 못하는 위치에 있는 나, 이것이 바로 자신이 서 있는 위치에서 생각하는 일의 한계를 보여주는 사례다. 여성혐오의 해법으로 최저임금 인상 투쟁을 제안하는 시각도 있다. 하지만 자본주의는 가부장제와 결합했을 뿐 가부장제를 대체하지 않았다. 최저임금도 못 받는 임금노동자의 가정을 굴러가게 하는 가정 내 노동자, 곧 부불노동자의 존재는 여전히 인식하지 못한다. 최저임금과 무관하게 집안의 노동은 여성이라는 특정 성별에 맡겨져 있고, 그들의 무급노동으로 '집안'이 굴러간다.

　존중. 인간을 존중하는 태도는 당연히 지켜져야 하는 것인데, 이 기본적인 태도가 당연하지 않다 보니 여성을 존중할 줄만 알아도 특별한 남성이 된다. '남성다움'에는 여성에 대한 지배가 포함되어 있기에 여성에 대한 남성의 존중은 종종 사회적으로 무시당한다. 남성이 여성을 존중하지 않도록 부추긴다. 아내를 존중하는 남성을 남자답지 못한 인간으로 보고 남성연대에서 탈락시키려 한다. 남성이 여성을 존중하기 어렵고, 또 존중의 개념을 이해하기 어려운 이유다.

가부장제 속에서 부부는 동반자 관계partneship가 아니라 소유 관계ownership에 더 가깝다. 여성을 존중하지 않음으로써 여성의 자존감을 낮게 만들고, 여성이 남성에게 의지하도록 이끌며, 여성에 대한 보호와 통제를 자연스러운 규범으로 정착시킨다. 이성애 중심의 가부장제는 그렇게 탄탄히 유지되고 있으며, 이 제도를 유지하기 위해 동성애 혐오는 여성혐오와 더불어 필수적으로 따라올 수밖에 없다. 여성을 존중하지 않는 사회가 넓은 의미에서 약자와 소수자를 존중하기란 불가능에 가깝다.

누군가가 인간으로서 기본적 권리를 주장할 때 그 권리가 자신을 불편하게 한다면 그동안 '특권'을 누려왔다는 뜻이다. 조심과 불편은 정의롭게 분배되지 않았으며, 안전은 특권화되었다. "어디 여자가"라는 일상적이고 사소한 말은 여성살해까지 그 고리가 이어져 있다. 언어 하나하나를 붙들고 집요하게 싸워야 하는 이유다. 그것이 익명으로 사라진 수많은 'ㅇㅇ녀'들의 '원통한 혼'과 연대할 수 있는 방법이다.

2장

몸이 된 여성들

처녀막과 총각 딱지

    2014년 한 팟캐스트에서 개그맨 장동민이 당당하게 '처녀가 아 닌 여자'를 혐오하는 발언을 할 수 있었던 것은 사회적으로 충분히 공 감을 받을 수 있는 감정이기 때문이다. 이미 사회에서 '성 경험이 있 는 여자는 더러운 여자'라고 합의되어 있다. 그래서 설사 그의 발언이 부적절하다고 인지하는 사람들조차 '방송에서' 했다는 사실을 지적 할 뿐, 발언 자체의 문제점은 인식하지 못하는 경우가 있다. 이는 미 국의 대통령 도널드 트럼프가 자신의 성폭력적 발언을 '라커룸 토크' 라고 표현한 것과 같은 맥락이다. 방송이 아니라면, 들키지 않게 잘 숨기기만 했다면, 남자들끼리 자연스럽게 나눌 수 있는 음지의 대화 처럼 여긴다. 이러한 남성동맹 속에서 혹여 바른말을 하는 남성이 있 다면 '위선적 도덕주의자'로 몰아세운다. 그렇게 여성에 대한 폭력을 남성의 오락과 위안으로 공유하며 남성동맹은 굳건해진다. 바른말을 하면 이 동맹에서 손해 볼 각오를 해야 하기에, 가식적 도덕주의자라 는 낙인을 받느니 마초로 살아가는 길을 택하는 편이 더 쉬워진다. 남 성동맹이 깨지기 어려운 이유다.

여성은 총각 감별법을 공유하지 않지만 '오늘의 유머'(오유)나 '일간베스트'(일베)에는 처녀 감별법이 종종 올라온다. 여성의 성기 모양과 색깔 등을 통해 '걸레인지 아닌지' 판가름하는 기준을 공유한다. 처녀'막'이라는 명칭은 마치 여성의 질 입구에 얇은 막이 하나 있어서 남성기가 '들어오면' 구멍이 뻥 뚫리고 피가 흐르는 구조를 연상시킨다. 실제로 이런 막은 없다. 질 내부 입구에 점막의 주름이 있을 뿐이다. '처녀의 피'에 대한 신화가 깊이 자리 잡고 있지만, 이 '피'는 오랫동안 성관계를 하지 않다가 갑자기 관계를 가져도 생길 수 있다. 출혈 여부가 '처녀성'을 증명하지는 않는다. 그런데도 영화는 '첫경험'을 담을 때 이불 위에 묻은 여성의 피를 상징적으로 써먹는다.

'걸레'는 여성의 경험을 비하하는 대표적인 언어다. 걸레는 낡고 냄새나는 더러움의 상징이다. 걸레, 곧 경험 있는 여자는 '더럽다'는 낙인이 찍힌다. '처녀성'에 대한 집착은 여성에 대한 소유욕 때문만은 아니다. 여성의 '경험'이 남성의 '기능'에 대해 잘 알고 있을지 모른다는 두려움도 포함되어 있다. 개발되지 않은 '처녀지'처럼 야생 상태가 아닌 '과거 있는 여자'는 이미 정복당한 식민지처럼 찜찜함을 몰고 온다. 그래서 21세기에도 "'혼전 성관계는 오케이, 그러나 내 여자는 내가 첫 남자'였으면 좋겠다는 남학생들이 적어도 늘 반 이상은 된다"[15]고 하지 않는가. 성범죄를 저지른 남성 연예인보다 연애하는 여성 연예인을 더 '더럽게' 여긴다. 여성에게 강요하는 이러한 순결 이데올로기 때문에 의도적으로 '더러워지기'를 운동의 방식으로 선택하는 경우도 있다.

반면 남성의 성 경험은 '진짜 남성'으로 거듭나는 과정이라 여긴다. 9개의 에피소드가 있는 닐 사이먼Neil Simon의 희곡《굿 닥터Good Doctor》중 〈생일선물〉은 아들이 성인이 되기 전에 성 경험을 시키려는 아버지가 아들을 사창가로 데려가는 이야기다. '진보적인 아버지'가 아들을 사창가에 데려온 이유, 성매매 여성과 가격을 흥정하는 과정 등에는 여성의 성에 대한 관념이 고스란히 담겨 있다.[16]

[아버지] 사랑에 관한 한 경험을 갖고 결혼에 임하는 게 남자의 의무다! 안 그랬다간 귀중한 세월을 몇 년 동안이나, 찾는 데 낭비하거든.

(중략)

[아들] 하지만 이 동네 여자들은 도덕적으로 고상해 뵈지가 않는걸요.
[아버지] 우리가 찾는 건 도덕적으로 고상한 여자들이 아냐! 그리고 이 세상엔 도덕적으로 고상한 여자들이 너무 많아요. 바로 그렇기 때문에 도덕적으로 고상한 남자들이 할 수 없이 이런 데 오게 되는 거구! 자, 용건을 시작하자!

(중략)

[아버지] 이봐요. 사실 내가 저 나이였을 땐 말이오. 그러니까 30년 전 얘기지만, 난 여기서 가장 예쁜 아가씨랑 지내는 기쁨을 얻었거든. 그 여자 이름은 이르카라고 별명이 우유배달부였다구요. 그런데도 겨우 10루블밖엔 안 했단 말이오.

[여자] 아, 그 여잔 아직도 여기 있어요. 그리구 값도 이젠 3루블밖엔 안하니까, 그 여자한테 가보시죠.

[아버지] 그 무슨 끔찍한 소릴!

(중략)

[아버지] 그래, 잠깐 기다려. 아직도 쇼핑 중이다!

(중략)

[아버지] 한 가지 부탁이 있는데 …… 오늘 저녁 …… 행사가 끝날 때 …… "생일을 축하하는 아버지로부터"라고 얘기를 해주면 아주 고맙겠소.

여기에는 사랑, 성관계, 매매라는 각기 다른 개념이 혼재되어 있다. '생일선물'로 아들에게 '성 경험'을 선물하려면 성매매 여성이 필요했고, 이때 그 여성은 '쇼핑' 대상이다. 성 경험은 아들에게 '어른 되기'의 의미를 지닌다. 반면 성 판매 여성의 입장에서는 성 노동과 다른 노동의 차이점을 찾을 수 있을 것이다. 성 경험을 통해 숙련도가 높아져도 나이가 많으면 가격이 내려간다. 이는 성 산업이 성 판매 여성의 숙련도를 자원으로 삼지 않는다는 뜻이다. 숙련도와 무관하게 나이가 젊을수록, 성 판매 여성처럼 보이지 않을수록 오히려 가격이 올라간다. 성 노동은 당연히 노동이지만, 그 노동이 산업화되는 맥락 속에는 이러한 성차별 구조가 기둥을 이루고 있다.

남성이 이끌어야 한다는 관념 때문에, '못해본' 남자는 정숙한 남자가 아니라 과감한 용기가 없는 남자로 여겨지며 남성성이 부족한 사람으로 취급된다. 〈40살까지 못해본 남자The 40 Year Old Virgin〉라는 영화가 괜히 나오는 게 아니다. 영화 속에서 앤디의 동료들은 앤디가 총각임을 알고 '딱지'를 떼게 해주려 돕는다. 군 입대 전에 남성이 동료의 도움으로 '총각 딱지' 떼는 일을 하나의 이벤트로 삼는 경우도 있다. 총각성(?)이라는 말도 쓰지 않지만, 총각성이 성장을 위해 떼어야 할 '딱지'라면 처녀성은 침범당하지 않고 지켜야 하는 '막'이다. 실제로 몸에 있지도 있은 '딱지'와 '막'은 사회적으로 만들어진 성차별적 관념의 신체기관이다.

물건과 구멍

이런저런 물건들이
그 잘난 좆대가리 하나씩 들고
구멍밥 고파 찾아오는 곳이 홍등가여
그러니까 홍등가는 구멍밥 식당가다, 이거여

(중략)

어찌하여 구멍밥 먹는 놈은 거룩하고
구멍밥 주는 년은 갈보가 되는 거여?
까마귀 뱃바닥 같은 소리 하지를 말어
_고정희, 〈구멍 팔아 밥을 사는 여자 내력 한 대목〉 중에서[17]

　　고정희의 시를 보고 있으면 2015년 이후 등장한 '메갈의 언어'에
왜 새삼스럽게 남성들과 '점잖은' 여성들이 분노하는지 더욱 의문이
찾아왔다. 매체로서 시보다는 인터넷의 힘이 '점잖은' 사람들을 자극

했을까. 고정희의 시에는 '물건', '좆대가리', '구멍' 같은 비속어가 난무하고, 그야말로 전투적인 언어들이 펄펄 날아다니며 남성 중심 사회를 비판한다.

　한국 남성들이 속어로 남성기를 '물건'이라고 부르는 모습은 언제나 흥미로웠다. 남성기는 흔히 총과 카메라에 비유되며 기능적 측면이 강조된다. 벵골 속어에서 남근은 아예 '도구yantra'로 불린다. 또한 "무역항 로테르담에서는 남성의 성기를 '무역'이라 부른다."[18] 이러한 언어는 남성이 자신의 몸을 어떻게 여기는지, 여성과의 관계를 어떻게 규정하는지 시사한다.

　스티븐 소더버그Steven Soderbergh 감독의 영화 〈매직 마이크Magic Mike〉에서 남성 스트리퍼들은 밀리터리룩 팬츠를 입고 두 손으로 성기를 잡는 시늉을 하며 총소리 음향에 맞춰 아랫도리를 힘 있게 흔들며 춤춘다. 스트리퍼의 남성기는 기관단총이 수많은 '발사'를 하듯이 총소리와 함께 움직인다. 여성 관객을 상대하는 남성 스트리퍼는 남성기가 기술적으로 훌륭하고 능력 있는 도구임을 과시하는 쇼를 통해 남성성을 극대화시켜 보여준다.

　남성기가 이렇듯 도구로서의 '물건'이라면 여성은 공간에 해당하는 '구멍'이다. 여성기는 공간화되기 때문에 속어로 '(몸을) 대준다'는 표현을 쓴다. 여성을 '밭'에 비유하는 것도 여성의 난자는 '씨'를 심는 장소이지 '씨'로 보지 않기 때문이다. 여성의 몸은 생산을 위한 밭으로, 여성이라는 인간은 집이라는 장소와 동일시된다. 아내의 다른 이름이 '집사람'이듯이.

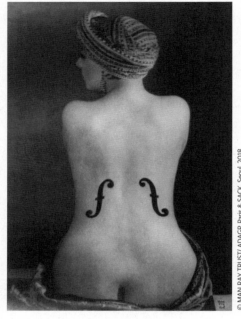

만 레이, 〈앵그르의 바이올린〉(1924)
바이올린처럼 묘사된 여성의 몸. 여성의 악기화란 '아름다운' 사물화이다. 누군가가 연주하지 않으면 영원히 아무런 기능도 할 수 없는 악기.

여성이 성관계에서 능력(?)을 보이면 흔히 '명기'로 불린다. 남성의 성기가 주로 '움직이는' 도구에 비유되는 반면, 여성의 성기는 '가만히 있는' 그릇에 비유된다. 그 그릇이 좋은 그릇이냐, 낡은 그릇이냐, 혹은 새것이냐를 따진다. 《레이디 경향》 2005년 4월 호에는 "좋은 악기는 울림부터가 다른 법! 나는 과연 명기?"[19]라는 제목으로 여성의 성에 대해 다뤘다. 여성이 '악기'가 되는 이유는 연주자가 남성이기 때문이다. 만 레이Man Ray의 〈앵그르의 바이올린Ingres's Violin〉은 여성의 몸과 악기를 교묘하게 결합한 이미지를 보여준다. 여성의 악기화란 '아름다운' 사물화이다. 누군가가 연주하지 않으면 영원히 아무런 기능도 할 수 없는 악기. 제 스스로는 결코 아무 소리도 낼 수 없는 악기를 여성으로 은유한다. 여성의 몸을 연주하는 남성은 그렇게 창작자가 된다.

남성기를 '물건'이라고 부른다 해서 남성이 사물화되지는 않는다. 물건의 '기능'에 초점을 두기 때문이다. 이 기능 상실은 남성들에게 존재의 의미를 강하게 되묻는다. 성기에 대한 개념이 이렇듯 다르므로 이를 보완하는 의학 수술도 각기 다른 양상으로 나타난다. 남성은 기능을 강화하기 위해 '성기 확대' 수술을 한다면 여성은 경험을 지우는 '처녀막 재생' 수술을 한다. 비아그라는 성 기능을 보조할 뿐 아니라 남성의 자존감까지 보조하는 셈이다.

여성의 '구멍'은 '들어가야 할 곳', '무언가를 넣어야 할 장소', '찌르거나 쑤실 수 있는 공간'으로 여겨진다. 여성의 몸은 바로 그런 장소다. 여성의 공간화는 곧 인격 없는 사물화이다. 1986~1991년에 발생한 화성 연쇄살인사건이나 1992년 한 여성이 미군에게 잔인하게 살해당한 윤금이 피살사건처럼 여성 강간 살해에서 여성의 질 안에 뭔가를 넣는 행동은 일종의 장소 침탈 행위다. 몸을 점령하기 위해 자궁에 물건을 넣고 고지 점령을 알린다. 길리언 플린Gillian Flynn의 소설《몸을 긋는 소녀Sharp Objects》의 주인공은 이와 같은 경험을 수도 없이 한다.[20]

> 입으로 들락거리는 음경과 손가락, 바이브레이터, 그 밖에도 몇 가지 더, 남자들은 여자의 안에 뭘 집어넣기를 좋아한다. 그렇지 않은가? 오이와 바나나와 병, 진주목걸이, 매직 마커, 주먹 같은 것들 말이다. 어떤 남자는 나에게 워키토키를 쑤셔 넣으려고 한 적이 있었다.

이처럼 여성의 몸 안에 자꾸 무언가를 넣음으로써 그 몸의 정복자가 되려 한다. 여성이 집이고 남성은 그 집의 주인이듯이, 여성이 곧 자궁이라면 그 자궁의 주인은 남성이다. 이러한 의식이 탐폰이나 생리컵처럼 질 속에 직접 넣는 생리용품에 대한 거부감을 형성한다. 내가 개척해야 할 길에 다른 물건이 드나들다니. 어디 감히, 그 공간에, 남성기가 '들어가는' 길이며 남성의 '씨'로 만들어진 태아가 '나오는' 그 길에 다른 물건을 넣는단 말인가. 저런 더러운 걸레! 여성의 몸은 남성과 태아를 위한 '집'이 아니다. 그 몸은 환대하고 싶은 타자를 받아들이고 기를 수 있는 몸이지만, 누구(혹은 무엇)를 받아들일지는 여성이 결정한다.

생각하는 자궁

 2017년 미국에서 개봉한 영화 중 매출 상위 100편 가운데 여성이 주인공인 경우는 18%였다. 사실 비율보다는 여성 인종의 다양성에 의미가 있는 해였다. 아시아 여성의 경우 2016년 6%에서 2017년 7%로, 같은 기간 흑인 여성은 14%에서 16%로, 히스패닉 여성은 3%에서 7%로 증가했다. 이렇듯 변화는 매우 더디게 일어난다. 한국의 경우 여성이 주인공인 영화, 여성이 만든 영화 모두 그 비중이 훨씬 적다. 《2017 여성영화인 활동백서》를 참고하면 상업영화 204편 중 4편만이 여성 감독의 영화다. 〈싱글라이더〉, 〈유리정원〉, 〈해빙〉, 그리고 〈부라더〉 이렇게 4편이다.

 여성의 비율 면에서 기념할 만한 해는 오히려 2015년이었다. 2015년은 스크린 속에서 여성 출연 비율이 상승세를 보여준 해다. 미국 샌디에이고 주립대학의 TV와 영화에서의 여성 연구소Center for the study of women in Television and Film 보고서에 따르면 미국 내에서 매출 상위 100편의 영화 중에서 여성이 주인공인 작품은 22%였다.[21] 할리우드 내 유리천장을 일컫는 '셀룰로이드 천장'은 여전하지만, 2014년에 비하면 무려 10%가 상승했으며, 조사가 시작된 이후로는 드물게 여성 주인공이 20%를 넘었다.

2015년에 본 영화들을 얼핏 떠올려봐도 스크린 속에서 여성들의 활약이 눈에 띄는 경우가 많았다. 〈매드맥스: 분노의 도로Mad Max: Fury Road〉, 〈스타워즈: 깨어난 포스Star Wars: The Force Awakens〉, 〈엑스 마키나Ex Machina〉, 〈신데렐라Cinderella〉 등 겨울에 개봉해 2016년 상반기까지 상영이 이어진 〈대니쉬걸The Danish Girl〉, 〈캐롤Carol〉, 그리고 〈서프러제트Suffragette〉는 '매출' 면에서 100위 안에 들지는 못했지만 내게는 2015년의 영화목록을 더욱 풍성하게 만들어준 작품들이다. 그야말로 스크린 속에서 '자궁냄새'를 접했다.

자궁냄새. 흥미로운 표현이다. 한 남성 가수가 여성 음악의 특징을 표현하기 위해 사석에서 뱉은 말이 폭로되어 공식적 사과(변명)가 이어졌다. '여성 = 자궁'의 공식이 새롭지는 않다. 그런데 음악을 얘기하면서 왜 굳이 '냄새'라는 단어를 사용했을까. 후각은 인간관계를 방해하는 요소가 될 때도 있다. 여수 기름유출사고 현장에서 윤진숙 전 해양수산부 장관이 손으로 코를 막고 얼굴을 찡그리는 모습이 담긴 사진은 피해를 입은 주민들과 정부 담당자 사이에 벽이 있음을 알려주는 강력한 이미지였다. 냄새나는 대상과 냄새를 맡는 입장으로 마주하고 있음을 인식할 때, 그 '냄새나는 대상'은 이미 존중받지 못함을 알게 된다.

영화 〈추격자〉의 연쇄살인범 지영민(하정우)은 오 형사(박효주)에게 머리 길면 섹시할 것 같은데 왜 짧은 머리를 하냐는 둥 헛소리를 실실 하다가 모멸감을 주기 위해 "생리하시나 봐요. 냄새가 비린 게" 라고 말한다. '여성성'을 빌미로 강력계 형사를 순식간에 모욕하려고 시도한다. 여성의 액체는 '냄새'라는 성질과 결합해 더욱 부정적이고 불순하며 수치스러운 물질이 된다. 그 후 야간에 산을 수색하는 장면 에서 오 형사만 미끄러진다. 이 장면이 왜 필요했을까? 생리 중인 여 성의 업무 능력에 대한 편견을 무의식중에 표현한 것은 아닌지 여전 히 의구심을 품고 있다.

흔히 어떤 대상을 비하하거나 모욕을 느끼게 하려고 '냄새'를 언 급한다. '가난의 냄새'처럼. 비하하고 싶지 않은 대상에게는 후각적 표현을 잘 끌어오지도 않고, '냄새'보다 '향기'라는 언어를 선택한다. 냄새는 불결함, 생명 없는 상태를 떠올리게 할 때가 많다. 살아 있는 꽃의 냄새는 꽃냄새가 아니라 꽃향기이지만, 썩기 시작하면 그때부 터는 냄새가 된다. 인간이 가장 활발하게 냄새를 만드는 순간은 바로 죽은 이후다. 냄새란 때로 정적이고 수동적인 대상이 내뿜는 가장 강 렬한 존재감이다.

여성의 다양한 표현과 다양한 모습의 재현은 기존의 체제를 위협 한다. 여성을 단지 '자궁'으로 여기는 것은 여성의 생각과 인격을 무 시할 수 있는 흔한 방법이다. 돌아다니고 말하는 인간이 아니라 그냥 자궁! 남성의 시각에서 자궁은 생각이 없을 때 가장 '안전'하다. 그곳 은 힘들고 외로울 때 돌아갈 수 있는 '장소'로 의미를 부여할 수 있지 만, 한편으로는 나를 가두는 공포로 탈바꿈해 억압할 수도 있다. '이 빨 달린 질'은 오래된 신화다.

아직도 자궁의 이야기는 부족하다. 수많은 딸들이 자궁에서 사라졌다. 가난한 여성들은 '대리모'라는 이름 아래 인권침해를 견디며 자궁 거래에 참여한다. 내가 충격적으로 기억하는 어떤 자궁의 이야기도 있다. 일제시대에 포르말린 용액 속에 담겼으며 그 후 국과수에서 계속 보관하던 조선 여성의 생식기(2010년에 '폐기'되었다), 19세기에 유럽으로 팔려와 사망 후에도 1970년대까지 박물관에 전시된 사라 바트만Sara Baartman의 생식기. 자궁에는 '냄새'보다 이야기가 있다.

지금 내 방, 짙푸른 조지아 오키프Georgia O'Keeffe의 그림 〈아이리스Iris〉 덕분에 자궁냄새가 가득하다.

씨와 밭

박근혜 정부 시절, 정부가 나서서 제작한 가임 여성 지도는 땅과 여자를 동일시하는 의식의 반영이었다. 지도를 보면 지역 단위로 '가임 여성'의 수가 보인다. 이 지도에는 여성의 지방화, 지방의 여성화가 잘 담겨 있다. 중앙이 지방을 통제하며 가부장제가 여성의 몸을 통제하는 태도가 압축되어 있는 정책이었다. 이 지도는 각 지자체들 간의 '경쟁'을 장려하는 목적에서 만들어졌기 때문이다. 정부가 지역 간에 출산 경쟁을 시켜 출산율에 따라 지원금을 준다는 것인데, 따라서 어떤 지역의 출산율이 낮다면 그에 대한 책임도 지역에게 있다. 이런 정책은 각 지역이 출산하지 않는 '가임기' 여성의 몸을 지역 예산을 위한 자원으로 여기도록 만든다. 태어나는 아기의 '숫자'는 지자체의 '성과'가 된다.

자연은 '어머니 자연Mother nature'이라 불리며, 그중에서도 땅과 물은 특히 여성화된다. 섹스하지 않는 깨끗한 여자이지만 엄마이기도 한 성녀를 숭배하는 모순은, 성령으로 잉태해 낳은 아기 예수를 안고 있는 성모 마리아 도상을 꾸준히 생산하게 했다. 성관계를 하는 여성을 더럽게 여기면서도, 출산하지 않는 여성의 몸은 '놀고 있는 밭'처럼 취급한다. 공터, 황무지, 빈 공간 등으로 본다. 황무지가 실은 '놀고 있는 땅'이 아니듯이, 재생산하지 않는 몸도 놀고 있는 몸은 아니다.

여성의 존재 이유가 재생산에 있다고 생각하기 때문에, 출산하지 않은 여성을 보면 대단한 직무유기로 나라에 손해를 끼치는 사람을 만난 양 호통을 친다. '씨받이'라는 말처럼 여성의 몸은 '씨'를 받아 키우는 밭이라는 인식이 21세기에도 유령처럼 떠돌고 있다. 여성의 몸은 유기적인 생명체라기보다 경작해야 하는 밭이다. 정자와 난자에 대한 과학적 증명이나 설명은 소용이 없다. 관념과 편견은 사실보다 힘이 세다. 차별의식이 여성의 몸에 '막'을 만들고 남성의 몸에 '딱지'를 붙였듯이, 몸을 둘러싼 성별 이분법은 초과학적 영역이다.

나는 한 중년 남성에게서 제 자식들이 "빨리 손주 안겨줄 여자"를 데려왔으면 좋겠다는 말을 들은 적 있다. 빨리 안 데려오면 자기 마음에 드는 처자를 골라 결혼시키겠다는 말까지 듣고 나면 표정 관리가 어려워진다. 아들의 파트너는 나의 성을 물려받는 핏줄을 낳을 재생산의 도구다. 이러한 사고는 상당히 지배적이며, 일상에서 '손주 낳아줄 여자'라는 표현은 거의 아무런 문제의식 없이 유통된다. 축사에서 인간의 먹이 생산을 위해 학대받는 암컷 가축들처럼, 인간 암컷인 여성은 빨리 다음 세대를 낳으라고 재촉받는다. 이를 에둘러 '가임기 여성'이라고 문명의 언어로 표현한다.

그러한 의식의 대물림 속에서 '문제'는 '문제'가 아니게 된다. '손주를 안겨주는' 것은 모범적 효도의 기본이다. 손주의 성별은 물론 아들이 필수이며, 필수과목을 마치면 선택과목인 딸도 낳아 '오순도순 4인 가족'이라는 정다운 우리 집을 만들어야 완벽하다.

여성은 생식에서 유전자가 담긴 '씨'가 아니라 씨를 품어 기르는 '밭'의 역할을 한다고 여기기에 '배'의 개념이 중시된다. 어머니가 다르면 '배다른'이라고 표현하며 아버지가 다르면 '씨 다른'이라고 말한다. 여성 작가들의 글에는 남성 중심 언어에 대한 불편함이 간혹 노출된다. "나는 우리말의 '배다른'이라는 표현을 너무 싫어해서 'step'이라는 영어 단어를 써보기도 했지만, 어쨌든 그 애는 나와 배다른 사이였다."[22] 남성 중심 언어를 끌어오지 않으려면 어쩔 수 없이 입에 맞지 않는 외국어를 뱉어야 하는 것이 여성의 언어가 처한 현실이다.

여성의 '가장 중요한' 역할인 재생산의 임무를 감히 스스로 그만둔 죄는 무겁다. 낙태를 둘러싼 논의는 언제나 여성을 벌하는 방식으로 진행되어 왔다. 절대 임신할 리 없는 사람들의 낙태 반대는 어떤 의미가 있는가. 밭 주제에 '나의 씨'를 함부로 폐기처분한 것이 괘씸하고 화가 나 벌을 주겠다는 감정이 제도를 움직인다.

땅과 여자

어째서 운명은 비단결처럼 순결한 이 처녀의 몸에 추한 낙인을 찍어야만 했을까. 세상의 일이란 왜 이렇듯 탕아가 순결한 여인을 차지하고 악한 여자가 착한 남자를 빼앗아가는 식으로 어긋나야만 하는 것일까. 이 문제를 두고 철학자들이 수천 년에 걸쳐 연구해왔으나 아직 이렇다 할 해답을 내린 사람은 없다.[23]

토머스 하디Thomas Hardy의 《테스Tess of the d'Urbervilles》는 테스가 겪은 강간과 그로 인해 '꼬여가는' 인생을 '운명'처럼 그린다. 또한 테스의 외모를 상세하게 꾸준히 묘사하면서 그를 이런 운명을 타고난 여성처럼 만든다. 테스는 자신의 외모에서 '문제'를 찾고, 결국 스스로 속눈썹을 잘라 '덜 아름답게' 보이려 한다. 그러나 테스의 몸이 겪은 일은 해답을 찾을 수 없는 일이 아니며, 특별히 매력적인 몸 때문에 벌어진 일도 아니다. 이는 알지만 모른 척하는 여성의 몸에 대한 착취의 역사다. 제국주의가 개척하는 새로운 땅처럼, 더버빌가의 테스는 아직 식민화되지 않은 '처녀지'로 은유된다. 테스를 강간한 알렉과 테스를 연민하고 보호하는 에인절 모두 동기는 다르나 각각 아프리카, 브라질, 호주 등 '신대륙'으로 가는 계획을 세운다. 두 남성은 반대의 인물처럼 보이지만 하나의 거울상이며, 그들에게 테스와 신대륙은 같은 의미를 지닌다.[24]

마르크시즘과 페미니즘의 시각으로 보자면 시골의 농민계층 여성이 새로운 산업사회에서 부를 축적한 알렉에게 착취당한 셈이다. 테스는 결국 자신을 강간한 알렉을 살해하지만 처형된다. 톨스토이Граф Толстой의 《부활Воскресение》에서 마슬로바와 네흘류도프 사이에 일어난 사건도 시골 하층계급 여성의 몸에 대한 도시 귀족 남성의 약취였다. 이 남성들에게 시골 여자의 몸은 해방과 일탈의 창구인 동시에 반성과 구원의 매개이다. 특히 네흘류도프의 의식 변화 과정을 보여주는 사건 중 하나는 그가 농노들에게 토지를 나눠주는 등 토지소유에 반대하는 입장을 대학에서 배우게 된다는 점이다. 토지에 대한 네흘류도프의 의식은 그가 민중의 입장에서 생각하는 사람으로 변화할 조짐을 보여준다. 네흘류도프에게 마슬로바라는 여성은 이 토지처럼 깨달음의 매개다.

《테스》의 알렉과 《부활》의 네흘류도프는 모두 여성을 강간했던 자신의 과오를 반성하고 피해 여성에게 사죄한다는 의미로 청혼을 한다. 여성을 남성에게 지배받거나 보호받는 존재로 여겼기 때문에, 당시의 문화적 맥락에서 결혼은 자신의 침략적 행위로 '더럽혀진' 여성을 다시 '정숙한' 여성의 반열에 올려놓을 수 있는 방식이었다. 이 여성들은 모두 결혼제도 속으로 들어가지 않는다. 그들은 모두 폭력적 방식으로 남성의 지배를 받은 후 인생이 나락으로 떨어지면서 점점 위험에 몰리고, 실제 살인을 하거나 살인사건에 휘말려 제도적으로 사형당하거나 유형지로 떠난다.

이러한 '문화'가 19세기의 관념만은 아니다. 실제로 성폭행 가해자가 피해자와의 결혼으로 자신의 죄를 '책임'지는 형태는 한국에서도 비교적 최근까지 법의 인정을 받았다. 1999년 1월 《인권하루소식》 1291호에는 다음과 같은 기사가 실렸다.

> 여고생을 성폭행해 강간치상죄로 기소된 20대 남자가 피해자 부모로부터 "딸이 자란 뒤 결혼하라"는 합의를 받아내 항소심에서 집행유예로 풀려났다. 17세 여학생을 집까지 데려다주겠다며 차에 태워 외진 곳으로 끌고 가 강간한 가해자는 1심에서 2년 6개월을 선고받은 후 항소심에서 위의 합의를 조건으로 징역 2년 6개월, 집행유예 3년을 받았다.

폭력에 대한 책임은 죗값을 치르는 것이지 피해자를 가부장제 방식으로 소유하거나 피해자를 매개로 가해자가 구원받는 방식이 되어서는 안 된다.

여성에 대한 강간은 식민지화와 일치한다. 미국에서 원주민 여성은 가장 많은 강간 피해를 입지만 가장 보이지 않는 피해자다. 백인 남성의 시각에서 피해의 대상은 '우리' 백인 여성이기 때문이다. 이와 같은 시각은 다른 입장에서도 얼마든지 찾을 수 있다. 노예해방 이후

임옥상, 〈대지의 여인〉(1993)
'위안부' 피해 여성을 대지의 생명력으로 형상화한 이 작품은 당사자들에겐 과거의 기억을 떠올리게
만들었다.

흑인들이 우리 여자를 강간할지도 모른다는 이유로 흑인을 더 단속
하려는 미국의 백인 남성을, 아랍인들이 우리 여자를 강간한다고 분노
하는 유럽의 백인 남성을, 인도 남성이 우리 여자를 강간할지도 모른
다는 두려움을 이용해 세포이Sepoy 반란을 진압하던 영국 남성을, 일
본놈들이 우리 여자를 짓밟았다고 분노하는 한국 남성을 쉽게 발견
한다. 제2차 세계대전이 끝난 후 독일을 점령한 소련과 미국의 군인
들은 독일 여성들을 성폭행했다. 전쟁은 끝났으나 여성은 '평화' 속에
서 다시 침략받았다. 여성의 몸은 전쟁 중 외부 남성에 의해 식민화될

때는 침략이지만, 전쟁 후 평화 속에서 식민화될 때는 '문화'이다.

'어머니 = 대지'라는 공식에 따라 한국의 민중미술에서도 여성은 대지로 표현되었다. 대표적인 민중미술가 임옥상의 〈대지의 여인〉(1993)은 가슴이 축 늘어진 나이 든 여성의 상반신이 땅에서 올라온 모습이다. 땅과 여성이 한 몸이 되어 있다. 이 여성의 몸에서는 고단한 세월이 느껴진다. 작가는 이 작품을 '위안부' 피해 여성들의 쉼터인 '나눔의 집'에 기증했다. 이 작품을 본 '위안부' 피해 여성들의 심정은 어땠을까. 작가는 땅에서 솟아나는 생명력을 의도했으나 그들의 입장에서 나체의 상반신을 드러낸 늙은 여자의 형상은 생명력이 아니라 과거의 기억을 불러들였다.[25] '어머니 = 대지 = 생명'의 공식은 그 대지에 '씨를 뿌리는' 사람으로 감정 이입하는 사람의 시각일 뿐이며, 대지와 동일시되는 사람의 시각은 아니다. '나의 땅'은 생명력 있는 대지이지만, '남의 땅'은 빼앗아야 할 장소가 되고, 주인 없는 땅은 정복의 대상이 된다.

'잘하니'와 '어떨까'

2014년에 칼럼니스트 곽정은이 방송에서 남성 출연자에게 던진 한마디, "잘하니?"가 화제를 일으킨 적이 있다. 또 다른 남성 가수에게는 "이 남자는 침대에서 어떨까"라고 발언해 꽤 파장을 몰고 왔다. 성희롱이냐 아니냐로 갑론을박이 펼쳐졌다. '만약 남자가 여자에게 방송에서 그런 말을 했다면'이라고 가정하며 곽정은의 발언이 성희롱에 해당한다고 주장하는 입장, 남성은 주로 성적 대상화가 되지 않기에 해당 남성이 불쾌감을 느끼지 않았다면 성희롱이 아니라고 주장하는 입장이 큰 흐름이었다. 성희롱이냐 아니냐를 떠나, 이런 문제에 항상 단골로 등장하는 단어 '엄숙주의'도 따라온다. 성과 관련된 논의는 자유와 엄숙으로 나뉠 때 대부분 길을 잃는다. 누가, 누구에게, 어디에서, 무엇에 대해, 어떻게, 왜, 말하는가에 대한 구체적 논의를 자유(긍정)와 엄숙(부정)의 대립 속에서 간단히 날려버릴 수 있기 때문이다.

　나름 공정성을 기한다는 이유로 여성의 행동에 대해 '만약 남자가 그렇게 했어도'의 식으로 접근하는 태도가 항상 공정한 답변을 끌

어울릴까. '그렇다'라는 답을 얻을 수 있다면 훨씬 편할 것이다. 모든 문제를 반대로 뒤집어서 답을 얻을 수만 있다면 얼마나 좋을까. 약자의 입장을 이해하기 위해서는 작동하지 않던 역지사지가 그 반대의 상황에서는 잘 작동한다. 차별의 얼굴은 데칼코마니처럼 대칭적이지 않다. 그보다 훨씬 복잡한 정체를 숨기고 있다.

남성이 여성에게가 아닌, 여성이 남성에게 한 성적 발언은 일반적이지 않아서 사람들에게 혼란을 준다. 내가 관심을 둔 방향은 성희롱이냐 아니냐가 아니었다. 이에 대해 명확히 판단하기 어렵다. 나의 관심은 '잘하니'와 '어떨까'라는 질문을 주로 '누가' 받는가였다. '남자가 여자에게 그런 말을 했다면'이라는 설정을 해보았지만 애초에 설정이 잘 맞지 않았다. 여성과 남성은 성을 둘러싼 담론에서 전혀 다른 지형에 서 있다. 여기서 '전혀 다른'은 완벽히 반대의 입장이라는 뜻이 아니다. 그보다 훨씬 불공정하다. '(침대 위에서) 잘하니'는 거의 언제나 남성이 받는 질문이다. 남성이기에 상대적으로 안전하게 받을 수 있고 유머로 전환할 수 있는 질문이다. 여성은 '잘'이 아니라 '해봤니'라는 질문과 맞선다. 김연수의 《네가 누구든 얼마나 외롭든》의 한 장면이다.[26]

"그 간단한 말을 뭘 그렇게 세미나 하듯이 하니? 가자, 그럼. 존재의 가장 어두운 밤인지 뭣인지 하는 밤을 경험하러. 너, 해봤어?"

"응, 나 되게 잘해."

얼떨결에 내가 대답했다. 그런 나를 보고 정민이 배시시 웃었다.

여자친구 정민이 '해봤느냐'고 물어도 주인공 '나'의 머릿속에서는 자동적으로 '잘하느냐 못하느냐'라는 질문까지 추가된다. 그래서 남자는 "나 되게 잘해"라고 답한다. 여기서 화자는 그렇게 말한 기억이 없다고 한다. 어쩌면 여자친구 정민의 기억에서 '잘해'라는 답변이 추가되었을 수 있다. 어느 쪽이든 '잘해'는 남성에게 긍정적인 답변이다.

혹여 여성이 '해봤니'라는 질문을 받더라도 '해봤다'라는 답변은 좋은 인상을 주지 못한다. 여성은 성관계 경험이 없을수록 정숙한 태도를 지녔다는 좋은 평가를 받는다. '실전' 경험뿐 아니라 잘 아는 티를 내서도 안 된다. 엘리노어 마르크스Eleanor Marx는 대영박물관에 《카마수트라Kamasutra》를 읽으러 갔다가 여성에게는 대여할 수 없다고 하자 분개했다. 여성이 성에 대해 알고 말하는 것은 꾸준히 위험하게 여겨져왔다. 심지어 조산원도 '마녀'로 몰린 역사가 있다. 요즘은 '마녀'로 만들 수는 없으니 '걸레'라고 한다.

> 신비로운 마법을 사용하는 것처럼 여겨진 조산술도 후에는 마녀사냥의 표적이 되었고, 조산원은 대표적인 희생자였다. 임신과 출산은 불가사의한 일로, 조산원의 역할은 일종의 영적인 활동으로 이해되었기 때문이다. 조산원의 역할을 미신적인 이미지로 만든 장본인은 여성이 아닌 남성이었다. …… 산모의 임신과 출산 과정에서 상담자 역할을 하는 조산원은 여성의 몸에 대해 많이 알고 있었는데, 이러한 성과 관련된 지식은 마술과 연관시

키기 쉬웠다.[27]

이처럼 성'관계'에서 남성은 주로 '능력'이, 여성은 '경험'의 유무가 거론된다. 관계를 가지는 능력과 관계의 경험은 전혀 다른 차원이다. 보통 경험이 있어야 능력을 신뢰한다는 면에서 남성의 경험은 때로 과장되기도 한다. 남성 중심 사회는 '총각 딱지'를 유지하는 정숙함(?)이 아니라 욕구 분출이라는 건강한 남성성을 권장한다. 남성은 무경험이 무능력으로 보일 수 있기에 '총각 딱지'를 떼려 한다면, 여성은 성적 경험이 순결의 '손상'을 의미하기에 '처녀성'을 지키도록 강요받는다.

성관계를 주도하는 쪽은 마땅히 남성이라고 생각하는 경향이 짙다. 그래서 여성에게 성관계는 '준다'라는 동사와 함께 쓰이곤 한다. '준다', '자준다', '해준다'. 남성 입장에서 여성을 주로 음식에 비유하거나, 아예 '먹다' 혹은 '박다'라는 동사를 사용하는 것과 대비된다. 일상에서 여성은 자신의 성관계에 대한 이야기를 자유롭게 하지 않는 편이다. 여성 간에도 성적 경험을 잘 공유하지 않는다.

인터넷에서 여성들은 남성을 비하하는 말로 '썹치'를 사용한다. '썹치'는 썹과 김치의 합성어다. 썹은 '여성 성기의 속된 말'이다. 남성의 여성혐오에 맞설 때조차 여성의 성기를 속되게 부르는 언어를 사용한다. 남성의 언어를 들고 싸워야 하는 여성이 처한 상황을 잘 보여주는 사례다. 아무리 남성을 욕한다 해도 '해본 남자'를 비하하는 말은 유포하지 않는다. 대신 '작은' 남자를 비하한다. 성기가 작다는 뜻으로 '소추'라는 말을 만들었다. '소추'에 분노하는 남성들도 있겠으나 이는 상당히 '얌전한' 대응이다. 여성은 아무리 분노해도 도구의 능력을 조롱하지 도구의 경험은 조롱하지 않는 편이다. 이조차도 인터넷 속에서 싸우는 여성들이 사용하는 말일 뿐, 일상에서 남성의 '성관계'는 혼전이든 혼외든 딱히 터부시되지 않는다. 성 매수나 폭력이 어쩌다 법적으로 걸려도, "다 하는데 나만 걸렸다"라고 재수 없어할 뿐이다.

그 때문에 '미러링'은 어렵기도 하지만 거울을 비췄을 때 상이 맺히는 부분은 지극히 일부에 불과하다. 수많은 현실은 그 거울 속에 다 들어오지도 못한다. '남성혐오'는 형식상으로도 이렇게 불가능하다. 여성혐오의 대칭으로 남성혐오라는 개념을 언론이 적극적으로 유포하지만, 이조차 여성혐오다. '뒤집어진 말'을 알아듣기 위해서는 일단 상대가 현실에 대한 인식이 있어야 한다. 그러나 과연 알아들을 준비가 되어 있을까. 여성들은 언어를 익혀나가며 입을 열고 있지만, 그동안 이 입을 억압하던 남성들은 들을 준비가 되어 있을까. 귀는 얼마나 진화했을까. '양심이 있는 귀'로 진화하지 않으면 여성들의 진화하는 언어를 알아들을 수가 없다. 더 정확히는, 알아듣기를 거부한다.

여성이 성욕을 말하면

남성의 성욕은 '자연' 그 자체다. 우주의 섭리, 고정불변의 진리, 결코 변치 않을 거대한 말씀과 같은 위상을 가지고 있다. 성욕이 자연스럽지 않다는 뜻이 아니다. '남성의 성욕'이 지닌 의미는 과하게 부풀려져 있으며, 어떤 결과를 막론하고 성욕이라는 '동기'를 들이대면 면죄부를 얻을 수 있다는 점이 문제다. 반면 여성의 성욕은 전혀 다른 방향으로 의미를 갖는다. 세속화되지 못한 여성의 성욕은 신성화되거나 악마화되기 일쑤다.

폭스FOX에서 방영된 제리 브룩하이머Jerry Bruckheimer의 13부작 드라마 〈루시퍼Lucifer〉는 그 이름에서 짐작할 수 있듯이 악마가 주인공이다. 영국 배우 톰 엘리스Tom Ellis가 바로 지옥에서 온 루시퍼를 연기한다. 악마는 대체로 매력적이다. 거부하기 어려운 유혹의 덫을 던지니까 악마다. 루시퍼가 능글능글 천연덕스러운 표정으로 상대의 눈을 뚫어져라 쳐다보면 예외 없이 그에게 음흉한 속마음을 털어놓는다. 그런데 여성과 남성이 이 악마를 대하는 반응은 다르게 나타난다. 모든 여성이 루시퍼의 눈빛을 보면 참을 수 없는 '성욕'을 느낀다.

극 중 또 다른 주인공인 형사 클로에 데커(로렌 저먼)만이 예외다. 자신에게 넘어오지 않는 여성을 처음 본 루시퍼는 당황해 "모든 여자들이 나를 보면 여자의 음습한 욕망을 고백하는데 너는 왜 안 그러느냐"고 진지하게 묻는다. '여자의 음습한 욕망', 곧 성욕은 악마와의 결탁을 상징한다.

종교와 무관하게 자본주의 사회에서도 남성 임금노동자/여성 가정주부 모델을 이상적으로 만들기 위해 성별에 따라 성욕을 다르게 취급했다.

> 남성의 공격성과 강인함은 가족 임금을 위한 전투에서 승자가 되기 위해서 요구되었고 여성의 성적 대상화는 결혼시장에서 성적 교환을 위해 장려되었다. 이런 조건에서 여성의 성욕의 권리는 남성의 성욕의 권리에 종속되며 남성의 능동적 성욕에 봉사하는 수동적 성욕이라는 경계를 넘어서기 힘들었다.[28]

〈바람난 가족〉에서 부부관계가 끝난 후 호정(문소리)은 혼자 자위를 한다. 여성의 자위 장면이 한국 영화에서 드물기도 하지만, 남편 옆에서 성관계 후 자위하는 모습은 용감하기까지 하다. "꼴리는 건 자유지만 덮치는 건 폭력이다"는 2011년 잡년행진에 등장했던 구호이다. 이 구호에 대해 한 남성이 내게 무척 불편하다는 마음을 밝힌 적이 있다. 저 문장을 보고 '왜 남자가 듣기에 기분 나쁜 말을 굳이 들고 나왔는지'라는 생각이 들더란 것이다. 그가 불쾌감을 느낀 지점은 '꼴린다'는 표현이었다. 평소에 성폭행 기사에도 '욕구를 채우려는' 따위의 표현이 아무렇지 않게 나돌아 다니는 세상이지만 여성이 직접 '꼴린다'는 표현을 들이대면 당혹스러운 모양이다. '먹힘'을 당하는 대상이 '욕구'를 정면으로 응시하자 불쾌한 것이다. 미디어에 나타나는 성욕을 둘러싼 각기 다른 잣대에 대해 살펴보자.

"서인영, 19금 충격 발언 …… '성욕 왕성해'"라는 제목의 기사가 《조선비즈》 2015년 7월 30일 자에 실렸다. "가수 서인영이 자신의 성욕에 대한 19금 발언을 해 충격을 주었다"고 한다. 충격을 주었다는 방송의 내용을 보자. 〈마녀사냥〉에 출연한 서인영은 "30대 초반 여성들이 성욕이 가장 왕성한 시기다, 나도 그런 편"이라고 했다. 같은 방송 103회에서 가수 황치열은 "(성욕을) 막 발산하고 싶죠", "남자들은 아무래도 유전자적으로 ……"라고 하면서 성욕이 있음을 표현했다. '유전자적으로'라는 말까지 덧붙여 생물학적으로 남성의 성욕이 '당연함'을 드러낸다. 이는 언론에서 '충격 발언'으로 소개되지 않는다. 남자의 성욕은 조금도 충격의 대상이 아니다. 성시경은 "배고프고 졸려도 성욕의 방을 선택하겠다"고 대답한 적도 있다.

독신 중년에 대해서는 어떨까. 채널A 〈내조의 여왕〉의 "내조의 여왕이 필요해: 혼자 사는 남자" 편에는 배우 김병세가 출연했다. 그는 자신의 성욕을 드러냈으며 그 후 언론은 "노총각 김병세, 변함없는 정력 과시 '성욕 여전하다'", "50대의 나이에도 불구, 흠(?)잡을 데 없는 정력과 성욕에 대해 언급했다"라고 소개했다. 성욕의 존재는 건강한 남성성을 증명할 수 있는 사회적 신호이기에 중년의 남성 배우는 '여전히' 성욕이 있음을 적극적으로 드러낸다. 이 역시 '충격'이 아니다.

중년의 비혼 여배우가 성적 발언을 했을 때는 전혀 다른 반응이 나온다. 2012년 5월에 SBS 〈고쇼〉에 출연한 안문숙은 외로움을 느낄 시간이 없다며 외로움에 대한 자신의 생각을 말하는 과정에서 "다만 생식기는 건강해서 외롭죠"라고 발언했다. 순식간에 출연진과 방청객의 폭소가 쏟아지고 그의 '생식기' 발언은 자막으로 강조되었다. 다른 출연자는 "여자 연예인 입에서 '생식기' 이런 용어는 처음 들어봤어요"라며 당혹스러움을 표현했다. 그의 발언은 곧장 언론에 다시 박제되어 나왔다. "'생식기 건강' 19금 발언", "생식기 외롭다" 등의 제목으로 여러 스포츠신문에 실렸다. 여성 연예인들은 보통 '생식기'라는 언어 자체도 입 밖으로 뱉지 않을뿐더러 그는 생식기가 '외롭다'라고까지 했으니 흔치 않은 광경이긴 하다. 중년 남성의 성욕이 아직도 건강한 남성성을 잘 관리한다는 매력으로 여겨진다면, '재생산하지 않을' 중년 여성의 성욕은 '무섭고도 주책맞은 집착' 정도로 비틀어진다.

젠더를 주제로 다루는 TV 프로그램 〈까칠남녀〉에서 여성 패널 은하선이 자위에 대해 말했을 때도 언론은 호들갑스럽게 기사화했다. "은하선, 하루 자위 3~4번씩 한다"라는 기사가 2017년 5월 9일에서 12일 사이에 수두룩하게 나왔다. 이 발언은 결국 방송통신위원회의 권고조치를 받았다. 실제 방송에서는 남성 패널들도 자신의 자위에 대해 자세히 이야기했으나, 여성의 자위 발언만 기사화되었으며 권고조치도 여성의 발언만 문제 삼았다. 여성의 성욕 '있음'은 여전히 불편한 문제인 것이다.

한편 남성의 성욕이 너무 당연하다 보니 방송인 허지웅이 자신은 '성욕이 없다'고 고백했을 때 굉장한 유머로 작동했다. 2015년 6월 23일 방송된 SBS 〈썸남썸녀〉에서 배우 채정안은 "나 성욕 있어 보여? 의외로 성욕 없어"라고 발언했지만 그의 발언은 '유머'로 작동하지 않았다. 허지웅의 '무성욕'은 뉴스가 된다. "허지웅이 '무성욕자'인 이유가 밝혀졌다"라는 제목의 기사가 2016년 10월 2일 다시 언론에 등장한다. 9월 30일 방송된 SBS 〈미운 우리 새끼〉에 출연한 허지웅이 비뇨기과를 방문해서 검사를 받은 후로 허지웅이 왜 무성욕자인가에 대한 뉴스가 일제히 배포되었다.

또한 남자가 성욕을 어떻게 푸는지를 두고 온 사회가 고민해준다. 2015년 9월 18일 〈마녀사냥〉에 출연한 홍진호는 "한 달에 한 번 주기적으로 야동을 본다"고 말하기도 했다. 성욕이 '있다'를 넘어 야동, 곧 포르노를 본다고 말해도 이는 아무런 '충격'이 아니다. 반면 여성은 잘하냐 못하냐를 말하기보다 성욕이 있느냐 없느냐를 두고 대화가 오간다. '잘한다'는 사실은 결코 자랑거리가 아니며 '좀 놀아본 년'이 된다. 그럼에도 싸이의 〈강남스타일〉 가사처럼 "낮에는 따사로운 인간적인 여자, 커피 한잔의 여유를 아는 품격 있는 여자, 밤이 오면 심장이 뜨거워지는 여자"에 대한 환상이 있다.

청결의 강요

　영화 〈여자는 남자의 미래다〉에서 성폭행 피해를 입은 애인과 성관계를 맺으며 남자는 이렇게 말한다. "내가 지금 너 깨끗하게 해주는 거야." 강간당한 몸은 더러운 몸이고, 몸의 '주인'인 남자 애인의 성기가 다시 그 몸을 깨끗하게 해준다는 뜻이다. '과거 있는 여자'는 죄인 취급을 받던 시절도 있었다. 여성의 '과거'를 따지는 이유는 여성에게 항상 '새것'의 상태를 요구하기 때문이다. 소녀에 대한 끝나지 않는 환상의 근거로 아직 '흔적'이 새겨지지 않았다는 점이 있다. 주름 없는 얼굴, 경제관념이 덜 형성된 상태, 아직 제 목소리를 낼 줄 모름, 성경험이 없는 '처녀'. 여성은 흔적과 과정을 보일 수 없는 존재다.

　동성애자와 에이즈를 연결시키듯이, 오염된 성질로 낙인찍는 것은 사회의 소수자를 모욕하고 추방하는 방식이다. 이런 관념은 청결에 대한 요구도 다르게 만든다. 트림, 방귀 등 타인에게 불쾌감을 주는 생리 현상은 누구나 조심해야 하지만, 여성에게는 특별히 이 조심성이 더 강조된다. 여성은 아무런 냄새도 얼룩도 소리도 남기지 않는 '사람'이 되어야 한다. 생리 현상에 대한 통제는 여성다움의 필수 요소다. 생리대 광고에서 "깨끗해요"를 강조하듯이 여성은 깨끗해야 한다. 한국은 심지어 귀신도 처녀 귀신이다. 다른 남자가 다녀가지 않은 몸(처녀), 먹은 흔적이 없는 몸(살), 세월의 흔적이 없는 몸(주름살), 이슬만 먹고 사는 깨끗한 몸(배설)이어야 한다. 여성들은 털을 밀고 땀을 더욱 단속하며 주름과 모공을 가린다. '하얀 얼굴'은 여성의 아름다움에 필수적인 요소이기에 자외선과 사투를 벌이는 여성들은 여름이면 자발적으로 온 얼굴과 팔을 칭칭 감고 다니기도 한다.

청결에 대한 젠더 고정관념 때문에 남성은 청결에 대한 부담에서 상대적으로 자유롭다. 드라마 〈디어 마이 프렌즈〉 11회에서 석규(신구)는 성재(주현)의 집에서 밥을 먹고 화장실에서 소변을 본 뒤 손을 씻지 않는다. 가부장적인 석규의 단면을 보여주기 위해 청결에 대한 그의 무딤을 조명한다. 덜 깨끗해도 되는 몸은 그만큼 타인의 시선과 간섭에서 자유롭다는 뜻이다. 순수는 여성과 아이에게 외주를 주고 어른 남자는 고난의 주인공이 된다. 이는 그들이 더 고생하고 더 핍박받는 존재라는 인식을 강화시켜 남자에 대한 연민을 불러일으킨다. 그리고 고난의 행군에서 발생한 '사소한' 오점은 대의를 위해 넘어가도록 한다.

청결에 대한 젠더 고정관념은 청소 노동이나, 아이와 노인을 씻기는 일처럼 청결을 관리하는 다양한 노동 형태를 여성의 '자연스러운' 성역할로 만든다. 또한 조금이라도 덜 깨끗한 몸과 공간에 대해 여성은 더욱 수치심을 느낀다. '집이 엉망'일 때 창피함은 '바깥'사람이 아니라 '안'사람의 몫이다. 청결을 책임지는 사람이기 때문이다.

칠칠치 못하게 몸단속을 못하고 성범죄 피해자가 된다는 비난처럼, 집 '꼬라지'에 대한 비난을 들어야 한다.

여성은 흔적과 과정을 숨겨야 마땅한 존재이기에 '공공장소에서 화장하는 여자'에 대한 혐오가 표출되기도 한다. "여성들 '길거리 화장' 자제하길"이라는 기사까지 나올 지경이다.[29] 냄새를 비롯해 타인에게 피해를 주는 요소가 있다는 주장은 전혀 틀린 말이 아닐지도 모른다. 그러나 이를 단속하려는 태도는 단지 '타인에게 피해'를 주기 때문이 아니다. 가리고 수줍어하는 것이 '여자다움'에 맞는 행동이므로 화장하는 과정을 공공장소에서 뻔뻔스럽게 노출하는 여성을 거북하게 바라본다. 타인에게 피해를 주기 때문이 아니라 타인의 시선을 신경 쓰지 않는 여자의 태도에 당혹스러워한다.

그래서 행동을 고쳐주겠다는 의지를 갖고 충고하거나 행동을 제지시키려 한다. 밖에서 화장하는 여자는 '창녀'로 오해받는다는 말까지 한다. 창녀처럼 보이지 않으려면, 정숙한 여자로 보이려면, 공공장소에서 화장하면 안 된다는 이상한 조약을 강요한다. 공공장소의 주인이 남성이라는 관념 때문에 그 공공장소에 진입한 여성이 더 조심할 필요가 있다고 생각하는 것이다. 이는 대중교통 안에서 화장하는 여자를 '공간을 오염시키는 인간'으로 바라보게 한다. '타인에 대한 피해'를 기준으로 하면 피해 유형은 다양하다. 그러나 자신이 통제할 수 있다고 생각하는 피해에 반응한다. 유독 화장하는 여자를 두고 신문 칼럼까지 나오는 이유가 뭘까. 가리지 않는 여자에 대한 사회적 응징이다.

여성의 액체를 말하라

그레타 거윅Greta Gerwig의 연기가 만개하는 영화 〈20세기 여성들 20th Century Women〉(왜 한국 제목은 '우리의 20세기'인가?)에서 애비(그레타 거윅)는 손님들과 둘러앉은 식탁에서 "나 생리 중이야"라고 말한다. 그때 '월경menstruation'이라는 단어를 또렷하게 내뱉는다. 영화 속 배경은 1979년. 1950년대생으로 당시 20대인 애비의 행동이 1920년대생인 도로시(아네트 베닝)의 눈에는 당혹스럽다. 발언이 지적받자 애비는 한 발 더 나아가 아예 그 자리에 모인 사람들 모두에게 '월경'이라는 단어를 말하도록 설득한다. 모두 다 같이 월경!

월경을 '생리'라고 에둘러 말하듯이 영어에서도 'menstruation'을 'period'(기간)라고 한다. 프랑스어에서는 'menstrues' 대신 일상적으로 'régles'('규칙'을 뜻하는 'régle'의 복수형)를 사용하며, 속어로는 'affaires'(사건)라고 한다. 한국에서도 '그날'이라는 말을 쓰며 광고에서도 '그날'이라고 한다. 그런 식으로 소통해본 적은 없지만 어릴 때는 '생리대'라고 말하기보다 손가락으로 암호를 만들어 소통하는 방식이 있었다. 중학교에 입학할 즈음 누군가가 가르쳐줬다. 나는 언제

처음 생리대를 마트에서 직접 구입했을까. 정확히 기억나지는 않지만 분명히 중·고등학교 때는 엄마가 사다줬다. 마트에서 생리대를 사면 주인이 '배려'해서 검은 봉지에 담아줬다.

생리대 부작용 논란의 배경에는 여러 이유가 있으나, 그중 하나는 여성의 몸에 대해 이처럼 침묵하게 만든 악습에 있다. 생리에 대해 말하지 못하도록 만든 사회가 결국 여성의 건강을 위협한 꼴이다. TV에서 생리대 광고는 1980년 9월부터 오후 9시 이전에 주류 광고와 함께 전면 금지되었다가 1990년대 들어 다시 등장했다. 그때 광고에 등장한 액체는 파란색이었다. 순진한 남학생은 여자들은 '거기'에서 진짜 파란색 피가 나오느냐고 묻기도 했다. 21세기에도 여전히 '생리대'라는 말이 불편하다며 '위생대'라고 부르자던 정치인도 있다. '위생'이라는 개념은 여성의 몸에서 일어나는 생리 현상에 더욱 강하게 개입한다. 실제로 프랑스어에서 생리대는 '위생수건serviette hygiénique'이다. 다니엘 페나크Daniel Pennac가 쓴, 몸을 중심으로 일생을 담은 소설 《몸의 일기Journal d'un corps》에서 주인공의 어린 아들은 '위생수건'이 생리대라는 사실을 모르기에 식당 화장실에서 본 문장을 이해하지 못한다.

브뤼노가 화장실에서 본 이 수수께끼 같은 문장을 설명해달라고 했다. "생리대serviette hygiénique는 이곳에 버리지 말아주십시오." 녀석은 두 가지 의문 때문에 답답해했다. 첫째, 수건serviette은 원래부터 위생적hygiénique이지 않은가? 둘째, 수건을 화장실에 버

인간의 몸은 70%가 수분이라고 한다. 과장해서 말하자면, 우리는 간신히 형태를 유지하고 있는 견고한 액체덩어리나 다름없다. 게다가 아이가 여성의 자궁에서 세상으로 나올 때 뽀송뽀송 깨끗한 모습으로 쑥 나오지 않듯이, 인간은 태생부터 여성의 액체를 뒤집어쓰고 세상에 나온다. "아기는 미끈거리고 젖어 있으며 기름투성이라는 사실은 책에는 전혀 나와 있지 않았었다." 도리스 레싱Doris Lessing의 단편 〈데비와 줄리Debbie and Julie〉는 10대 소녀가 더러운 창고에서 혼자 아이를 낳는 과정을 치밀하게 묘사한다. "해산 뒤에 쏟아지는 것들, 후산물이라는 것 때문이었다. 이런 생각을 하고 있을 때 물컹한 것이 다시 자리 아래로 쏟아지더니 간처럼 보이는 덩어리가 튀어나왔다."[31] 이 소설은 땀, 피, 눈물, 젖, 양수와 후산물 등 여성의 각종 액체가 흐르는 글이다.

위생뿐 아니라 타인과의 관계를 위해 누구나 몸의 액체를 관리할 필요가 있다. 노숙인이나 어린아이, 노인처럼 신체적·경제적 약자들은 제 몸 관리가 어렵다. 그러나 이와 별개로, 이 '관리'를 더욱 강요받는 성별이 있다. 고등학교 때, 성인이 되면 겨드랑이에 땀이 안 나는 수술을 받으라고 말하던 한문 교사에게 충격을 받은 적이 있다. 반면 '땀 흘리는 남자'를 둘러싼 섹시한 이미지는 사회적으로 유포된다. 운동이든 노동이든 적극적 신체 활동의 남성화를 부추기는 이미지다. 땀뿐 아니라 왜 남성이 노상방뇨를 더 많이 하겠는가. 때로 남성의 액체는 남성성을 과시하는 도구다. 내 앞에서 '밤꽃 냄새'를 말하던 남학생들이 생각난다. 수업 시간에 "선생님, 얘 밤꽃 냄새 나요. 키키키키" 하며 나를 놀리던 남학생. 봄날 대학 교정에서 "밤꽃 냄새가 나네. 밤꽃 냄새 알아?"라던 남자 선배. 이는 생물학적 남성성을 과시하는 행위다.

> 최초의 난자 배출은 조용히 일어난다. 그것은 최초의 정자 배출이 남자다움이라는 세계에 첫발을 딛는 자랑스러운 경험으로서 사회화되는 사건과는 대조적이다. 첫 월경과 첫 사정은 당사자들에게 주목할 만한 경험이다.[32]

캐나다 시인 루피 카우르Rupi Kaur는 자신의 생리혈 사진을 인스타그램에 올렸으나 두 번이나 삭제당하는 경험을 했다. 여성에게만 해당하는 생리혈이 아니더라도 오줌, 콧물, 땀 등을 여성은 더 철저히 통제해야 한다. 여성에게 '관대하게' 허락된 액체는 눈물이다. 애교와 마찬가지로 눈물이라는 '약자의 무기'를 쥐어주고 '여성성'을 드러내도록 한다. 영화에서는 생리혈보다 '처녀를 증명하는 피'를 더 자주 발견할 수 있다. 여성의 몸에서 나오는 액체 중에 눈물과 함께 관대한 대접을 받는 액체다. '처녀막이 터져' 피가 나오는 '전설'을 가부장제는 사랑한다. 또한 시각 매체에서 아이에게 젖을 물리는 장면은 주로 여성의 '젖가슴'에 초점을 맞춘다. 그 가슴에서 나오는 '젖milk'이 아니다.

여성의 몸을 수치스럽게 여기는 문화가 여성이 스스로의 몸을 알지 못하도록, 그리고 이에 대한 정보를 교류할 수 없도록 만들었다. 생리대 부작용 논란에서 많은 여성들이 분개한 것은 '그동안 내 몸에 무슨 문제가 있는 줄' 알았기 때문이다. 내가 몸에 안 좋은 것만 먹었나, 관리를 제대로 못했나 하며 문제의 원인을 자신의 몸에서 찾았다. 여성의 몸에 원죄 의식이 자연스럽게 스며 있다. 여성은 가리고, 부끄러워하며, 수치심을 느껴야 마땅한 동물이니까.

한국뿐 아니라 전 세계적으로 여성의 생리대 성분을 둘러싼 정보는 불투명하다. 내가 앞으로 생리할 날은 얼마나 남았을까. 한국 여성의 평균 폐(완)경 연령은 49.7세라고 한다. 평균을 기준으로 하자면 8년 정도 남았다. 횟수로 따지면 앞으로도 100회 정도 더 해야 한다. 생리대 착용 기간은 700일 정도 될 것이다. 사용할 생리대 개수는 4000개도 넘을 것이다. 사소한 일이 아니다. 여성의 자궁에 집착하는 사회이지만 자궁 건강에는 무관심하며, 나아가 여성을 속이고 있다. 생리컵이나 면 생리대는 동등한 선택지가 되어야지, 하나만을 선택할 수밖에 없는 상황으로 여성을 내몰아서는 안 된다.

월경을 바라보는 관점은 재생산에 기준을 둔 남성의 입장에서 주로 서술된다. 월경을 시작하면 여자가 '되고' 월경을 마치면 여자로서 '끝난' 것처럼 표현한다. 생식을 기준으로 여성의 성을 보기 때문이다. 에밀리 마틴Emily Martin은 "월경의 목적이 임신이 아니라 질을 관통하는 혈류 자체, 즉 주기적으로 피가 흘러나오는 것 자체, 여성의 몸을 건강한 상태로 유지하기 위한 출혈 자체"[33]라는 관점을 제시했다.

여성의 몸에 대한 일기를 쓰자. 나는 15세(만 13세)에 첫 월경을 했다고 당시 일기에 적었다. 두려우면서도 한편으로 근사하다고 생각했다. 물론 실상은 내가 기대했던 근사함과 거리가 멀었지만. 여성이 몸의 일기를 쓰면 남성인 다니엘 페나크가 쓴《몸의 일기》와 전혀 다른 역사가 나온다. 일단 '총각 딱지 떼기 거위 놀이'가 아니라, 내 몸을 향한 수많은 침범들이 기록될 것이다. 기록할 수 있는 여성은 그나마 자궁 밖으로 살아서 나온 경우다. 많은 여성의 몸은 입이 없어 말할 수 없다. 여성의 몸이라는 이유로 세상에 나오기 전 엄마의 양수속에서 이미 죽었으니까.

시간을 극복하는 몸

16세기에 무려 650여 명의 처녀들을 죽였다는 헝가리의 연쇄살인범 엘리자베스 바토리Élisabeth Báthory(1560~1614) 백작 부인의 이야기를 바탕으로 만든 줄리 델피Julie Delpy의 두 번째 장편 연출작 〈카운테스The countess〉(2008). 영화는 자신보다 한참 젊은 20대 초반의 남자와 사랑에 빠진, 곧 마흔이 될 중년 여성이 남자가 떠나지 않도록 하기 위해 젊음을 되찾으려다 맞이하는 비극에 관한 이야기다. 처녀의 피로 자신의 노화를 막아내겠다고 온몸으로 싸웠지만, 바토리 부인은 그토록 원하던 사랑 앞에서 오히려 심판받아야 했다.

실제 바토리 부인은 남편이 죽은 후 물려받은 막대한 재산을 탐내는 남성 귀족들에게 모함을 당했다는 이야기도 있다. '여자' 연쇄살인범, 귀족 신분, 처녀 살해라는 흥미로운 코드들이 집약되어 바토리 부인의 실화는 많은 영화와 문학의 소재가 되어왔다. 미국의 배우이자 감독인 일라이 로스Eli Roth도 〈호스텔 2Hostel: Part II〉에서 이와 관련된 장면을 연출하기도 했다. 주로 여자 드라큘라로 분하여 나오는 경우가 많았는데, '피'를 마셨기 때문이기도 하지만 바토리의 출신이

동유럽이기에 드라큘라와 연관시키기 쉬웠다.

바토리는 왜 살인을 하면서까지 젊음에 집착했을까. 흔히 나이 든 여성에게는 "젊을 때 미인이셨겠어요"라고 말한다. 과거형이 된 미인이다. 요즘은 "나이보다 어려 보인다"는 말이 거의 인사치레로 자리를 잡았고, 특히 여성에게는 하나의 예의나 다름없다. 내게 (진심으로 놀란 듯) "어머, 진짜 그 나이로 안 보여요!"라고 말하는 사람들 중에 내 또래는 거의 없다. 나보다 나이가 적으면 적을수록 놀란다. 그들이 생각하는 '그 나이'와 실제로 마주하는 '그 나이' 사람의 외모가 불일치하기 때문이다. 내 나이에 놀라는 현상은 서른이 되면서부터 뚜렷해지더니, 마흔이 넘자 거의 감탄을 맞이하고 있다. 내가 진짜 동안이라서가 아니라, 서른 이후 여성의 외모에 대한 지독한 관념 때문이다. 중년을 거치며 여성 배우들의 설 자리가 급격히 줄어들다 보니 여성이 나이 들어가는 모습은 미디어에서 과소 재현된다. 여성에 대한 상상력은 협소할 수밖에 없으며, 여성은 '젊은' 모습을 '잃어가는' 존재로 살아간다. 젊은 여자 이후의 여성은 어떤 모습으로 그려질까. 중년 여성은 성적 매력이 없는 억센 아줌마로 묘사되며, 마트에서 세일하는 물건을 갖기 위해 우악스럽게 달려드는 모습은 하나의 전형이다.

티치아노 베첼리오Tiziano Vecellio의 〈인생의 세 시기The Three Ages of Man〉(1513)와 한스 발둥 그리엔Hans Baldung Grien의 〈인생의 세 시기와 죽음The Three Ages of Man and Death〉(1510)을 비교해보면 여성과 남성의 인생을 바라보는 오래된 관점을 알 수 있다. '인생의 세 시기'는 당시 많이 그려지던 주제다. 정확히 말하자면 '남자 인생의 세 시기'

티치아노 베첼리오, 〈인생의 세 시기〉(1513)
남자의 인생에는 청년 시절의 짝을 위해 젊은 여성이 등장한다.

와 '여자 인생의 세 시기'로 나뉘어 있다. 그런데 여자 인생의 세 시기를 다룬 작품은 '죽음'도 함께 다룬다. 여성의 삶이 재생산에 치우쳐 있는 것처럼, 탄생-죽음이라는 이분법적 삶의 틀이 여성성과 더 연결되어 있기 때문이다. 남자의 인생에는 청년 시절 '남성의 짝을 위해' 젊은 여성이 함께 등장한다면, 여자의 인생에는 모래시계를 든 죽음의 메신저가 등장해 청년 시절 여자의 머리 위에서 시간을 잰다. 재생산하기에 가장 좋은 나이를 지나면 이제 인생이 한풀 꺾이기 시작함을 강조한다.

조르조네Giorgione의 〈인생의 세 시기The Three Ages of Man〉(1500)와 비교하면 이러한 차이는 더욱 극명하다. 노년 남성은 현자의 이미지이며, 청년 남성은 글을 읽는다. 이들은 재생산과 상관없이 인간으로

한스 발둥 그리엔, 〈인생의 세 시기와 죽음〉(1510)
여자의 인생에는 청년 시절의 재생산을 강조하기 위해 머리 위에서 시간을 재는
죽음의 메신저가 등장한다.

조르조네, 〈인생의 세 시기〉(1500)
여성과 달리 남성의 늙음은 재생산과 상관없이 인간으로서 성숙해지는 모습으로 표현된다.

서 성숙하게 늙어가는 모습으로 표현되지만, 여성의 늙음은 산송장처럼 죽음에 가까워진 모습이다.

　여성에게 세월의 흔적이 보이기 시작하면 이는 경험이 아니라 '순수'와 멀어지는 낡음이 된다. '아줌마'라는 존재는 이러한 깨끗한 여자의 조건에 부합하지 않는다. 자신의 욕망을 덜 숨기고, 적극적이며, 덜 부끄러워하고, 더 많이 말하며, 목소리가 크다. 이들은 '가만히' 있는 여자와 거리가 멀다. 순수의 시간을 연장시키기 위해 시간을 극복해야 하는 몸은 항상 여성이다. 오늘날에도 나이 든 여성은 생물학적 유통기한이 만료된 암컷이 되어 미디어에서 사라진다.

돼지와 꽃

2016년 한 고위 공무원이 "민중은 개돼지"라고 발언한 사실이 알려져 크게 파문이 일었다. 고위 공무원에 의해 졸지에 개돼지가 되어버린 민중의 분노는 정당하다(일 년 후 한 외교부 직원은 여성이 열등하다고 했지만 큰 문제없이 넘어갔다). 그런데 항상 '돼지'가 되지만 딱히 분노할 자격도 얻지 못하는 '사람'이 떠오른다. '뚱뚱해서 죄송한' 사람들. 그들은 툭하면 '돼지'로 불린다. '돼지'는 성별을 떠나 '뚱뚱한' 사람에게 흔히 따라붙는 별명이지만, 여성이 돼지로 불릴 때는 해당 여성을 더욱 모욕하는 표현이 된다. 여성에 대한 칭찬이 외모에 집중되듯이, 몸을 통한 조롱과 비하도 여성에게 더욱 가혹하게 작용한다. 과거는 용서해도 못생긴 여자는 용서할 수 없다고 하거나, 얼굴이냐 몸매냐를 놓고 여성을 진단한다.

1989년 가수 정수라는 생방송 도중 게임 벌칙의 일환으로 몸무게를 공개당하는 바람에 눈물을 흘리며 노래 부른 적이 있다. 20대 여성이었던 그는 생방송이라 거부하지도 못한 채 저울 위에 올라가야 했다. 당시 카메라에 잡힌 그의 몸무게는 62킬로그램이었다. 남성이었다면 몸무게 공개가 그토록 상처를 주지는 않았을 것이다. 방송을 이용한 일종의 폭력이다.

2015년 10월 19일 방송된 KBS 2TV 〈대국민 토크쇼 안녕하세요〉에서는 '돼지'라 부르며 살 빼라고 강요하는 아빠 때문에 상처받는 초등학생 딸의 사연이 공개된 적 있다. 이 방송에 출연한 아빠는 진행자인 개그우먼 이영자에게 "(뚱뚱해서) 시집도 못 갔다"고 했다. 남편 없는 여자는 '사랑받지 못한' 인간으로 여긴다. 여자를 가장 쓸쓸한 존재로 만드는 방식이며, 여성에게 남자의 사랑을 받지 못한 인생이 가장 실패한 인생처럼 여기도록 만든다. 뚱뚱한 몸은 남자에게 사랑받지 못한다는 낙인 앞에서 여성은 자기 몸이 사랑받을 자격이 없는 몸이 될까 봐 끊임없는 불안 속에 살아간다. 이렇듯 여성이 남성의 사랑과 인정을 갈구하게 만들어 여성을 지배한다.

개그우먼 이영자. 2001년 그에게는 살 때문에 벌어진 사건이 있었다. 당시 그는 한동안 방송을 쉬면서 체중감량을 한 뒤 복귀했는데, 운동으로 살을 뺐다고 했다. 그러자 지방흡입 시술을 한 의사가 환자의 개인정보를 보호해야 하는 윤리도 망각한 채 그의 시술에 대해 폭로했다. 이영자는 기자회견에서 눈물을 흘리며 자신의 살에 대해 구구절절 말해야 했다. 살이 너무 쪄 몸의 구석구석이 어떤 상태였는지, 나아가 그 살이 없어진 진실에 대해서. 이는 뚱뚱한 여자에 대한 일종의 사회적 응징이었다. 너의 살에 대한 진실을 말해라. 관련 의사는 결국 자신의 폭로에 대해 법정에서 패소했다.

'공인된 미인'들조차 외모로 조롱당하는 모욕을 겪는다. 미국 대통령 도널드 트럼프가 미스 유니버스 출전자를 '미스 피기Miss Piggy'로 불렀던 사실이 2016년 대선 당시 클린턴 캠페인에 의해 폭로되었다. 미스 돼지. 여성의 몸을 이렇게 조롱한 사실은 선거에 아무런 영향을 끼치지 않았다. 뚱뚱한 여자를 '돼지'라고 부르는 태도는 사회적으로 공유된 도덕적 감수성에 큰 타격을 주지 않는다.

살은 해명해야 하는 잘못된 몸이거나, 게으름을 보여주는 불성실의 증거로 작용한다. 비만은 물론 병이 될 수 있으나, 의학적으로 비만이 아니어도 완벽한 몸매를 유지하지 못하면 고쳐야 하는 몸이 된다. 게다가 '근면 성실'은 의문의 여지가 없는 도덕적 선이라고 생각하기 때문에 근면 성실해 보이지 않는 몸을 마음 놓고 비난해도 된다고 여긴다. 페미니스트를 모욕하는 전형적 방식 중 하나도 '못생기고 뚱뚱한 여자'라는 공격이다. '메퇘지'라고 부르며 "뚱뚱하고 못생긴 년들이 열등감과 질투 때문에 페미니스트가 된다"고 주장한다. 실제와 무관하게 탐욕과 나태, 더러움의 상징인 돼지는 여성을 모욕하기 위해 불려나오는 가장 대표적인 동물이다. 돼지는 '부'의 상징이기도 하지만, 이는 때에 따라 탐욕의 상징이 된다. 더러운 방은 '돼지우리', 어울리지 않는 화려함과 고급스러움에는 "돼지 목에 진주 목걸이"라고 한다. 돼지는 가장 격이 없는 동물로 취급받는다. 인간의 관점에서 개는 반려동물이 되고 소는 노동을 보조했으나, 돼지의 가치는 식용이다. 오직 '살'에 그 가치가 있다.

마리 다리외세크Marie Darrieussecq의 소설《암퇘지Truismes》는 향수 판매점에서 비정규직으로 일하는 여성이 점차 돼지가 되어가는 과정을 그렸다. 처음에는 매력적으로 보일 만큼 살이 오르는가 싶더니 어느새 자신이 심하게 살찌며 변신하고 있음을 인식한다. 주인공은 계약서를 바라보며 매니저의 성추행을 받아들이고, 향수 가게 손님들에 대한 '특별한' 마사지를 넘어 성행위 요구까지 수용하면서 점점 돼지로 변해간다. 돼지가 되어갈수록 주인공은 말을 잃어간다. 말을 하려고 해도 혀가 굳어 말이 나오지 않는다. 인간의 언어를 잃어가고, 그렇게 생각도 잃어간다. 먹고 자고 섹스하는 생각만 한다. 가끔 다시 인간이 되면 수치심이 밀려온다. 그는 점점 잃어가는 언어들을 붙들고 글을 쓴다. 이 소설은 돼지가 쓴 소설이다.

이는 카프카Franz Kafka의 《변신Die Verwandlung》을 연상시키지만, 《변신》이 인간의 실존 문제를 다뤘다면 《암돼지》는 인간 사회를 동물 세계에 은유해 권력관계를 표현한다. 《변신》의 그레고르 잠자는 변하는 몸 안에서 존재에 대해 사유하는 반면, 《암돼지》의 주인공은 변화하는 몸에 맞춰 살아간다. 점차 돼지가 되어가는 주인공의 상황은 인격 없는 살로 취급받는 여성의 현실에 대한 극단적 은유다.

여성은 돼지가 아님을 증명하기 위해 끊임없이 살을 뺀다. 한 백화점 판매원은 세일 기간 노동의 고됨 속에서도 다이어트에 성공할 희망을 품는다. "아이고, 힘들어라. 배도 고프고. …… 포도 다이어트를 하고 있는데, 확실하게 살이 빠진대요. 일주일 동안 하면 최소 4킬로그램은 뺄 수 있다고 하니까, 힘들어도 참아야죠. 게다가 세일 기간이라 일도 힘드니까 확실하게 뺄 수 있겠죠? 이번에는 꼭 성공할 거예요."[34]

이처럼 몸매 관리가 여성의 의무처럼 여겨져도 이에 대한 문제의식이 별로 없었는데, 초콜릿 복근이니 뭐니 하며 남성'도' 몸매 관리에 신경 써야 할 시점이 오자 성 상품의 고객님들은 뒤늦게 대상화의 피로감을 표현한다. 남의 살은 비난하다가 나의 살은 순식간에 합리화한다. 미국의 '대드바드dad bod' 유행이 소개되면서 한국의 언론에도 '아빠 몸매'라는 표현이 알려졌다. "대드바드남이 뜬다"라는 제목으로 푹신한 중년 남성의 몸을 더 친근한 몸으로 표현한다. 푸근한 아빠 몸매를 칭송하지만, 엄마 몸매 혹은 아줌마 몸매에 같은 잣대를 들이대지 않는다는 사실을 누구나 잘 알고 있다.

몸에는 삶의 많은 흔적이 새겨진다. 늙은/젊은, 날씬한/뚱뚱한, 큰/작은, 길고/짧은 생김새만 있지 않다. 몸은 살아온 방식과 생각, 많은 이야기들이 새겨진 한 개인의 세계이며 인생 지도다. '통일의 꽃', '영화의 꽃'처럼 기껏 여성을 존중하는 것으로 착각하는 표현이 꽃이다. 여성은 외모 때문에 돼지로 비하당하거나 꽃으로 칭송받지만, 돼지나 꽃이나 어차피 '사람'이 아닌 존재임은 마찬가지다. 아, 예쁜 돼지는 '꽃돼지'라고도 한다.

쯔위와 주세죽

전혀 다른 사안을 다룬 두 개의 글에서 발견한 어떤 현상. 독립운동가이자 사회주의자인 주세죽을 다룬 소설이 나왔다기에 반가운 마음으로 관련 기사를 찾아본 적이 있다. 그러나 기사는 첫 문단부터 구석구석 한숨이 나오게 했다. '미모', '미녀', '아름다움'이라는 단어가 골고루 배치되어 있다. 게다가 그의 '민족의식'은 이렇게 설명된다. "감옥에서 일본 경찰에게 능욕을 피하다가 가슴에 담뱃불 상처를 입을 만큼 민족의식도 갖고 있었다."[35] 여성의 몸은 '민족의 몸'이다. 일본인의 성폭행에 저항하는 태도를 민족의식으로 여긴다. 그럼 한국 남성의 성폭행에 저항하면 민족 배반이라도 될까. 위안부 문제를 바라보는 시선도 이와 비슷하다. 여성 개개인의 인격이 아니라 민족 단위로 생각한다. 내친김에 다른 기사들을 찾아봤다. "조선 최고의 미인"은 주세죽이라는 인물을 소개하는 데 없어서는 안 될 수사처럼 반드시 등장했다.

이제 또 다른 글. 걸그룹 트와이스의 멤버 쯔위는 대만 출신으로 2015년 한 방송에서 대만 국기를 흔들었는데, 이에 대한 중국 누리꾼의 비판과 우려의 목소리가 흘러나왔다. 결국 쯔위는 자국의 국기를 방송에서 흔들었다는 이유로 동영상을 통해 공식 사과를 해야 했다. 왜 대만 국기에 이토록 민감한지, 가수 쯔위로 인해 대만과 중국의 정치적 관계를 다룬 기사들이 많이 생산되었다. 그중에 좀 '독특한' 시각의 글이 있었다. 대만의 '친일' 정서를 고려하면 중국 누리꾼만의 문제는 아니라며 중국의 입장에서 친절하게 서술했다. 이에 대한 비판적 의견은 이 글의 주제가 아니므로 생략하고, 마지막 문단에 내가 지적하려는 내용이 있다. "18세 대만 소녀 쯔위, 분명 여느 소녀들과 같이 정치에 관심도 없고, 잘 아는 것도 없을 것이다."[36] 남성 중심 시선에서 볼 때 여성은 '생각하지 않는 몸'이다.

1901년생인 주세죽이 1919년 3·1운동에 참가했으니 당시 그는 쯔위와 비슷한 또래다. 노벨평화상을 수상한 파키스탄의 말랄라 유사프자이Malala Yousafzai는 10대 초반부터 여성교육에 대한 글을 썼다. 2016년에 나는 미국 미니애폴리스에서 유사프자이의 강연을 들을 기회가 있었다. 그는 어린 소녀들이 배우기 위해 '학교로 가는 길'이 어떤 의미가 있는지 선명하게 들려줬다. 교육받을 권리는 학교라는 공공장소에 여성이 보일 권리와 집과 학교 사이 이동의 자유를 포함한다.

이처럼 과거로 돌아갈 필요도, 다른 나라를 볼 필요도 없다. 한국에서 소녀들은 국정교과서나 소녀상 이전 등의 사안에 반대하며 꾸준히 집회와 1인 시위에 참여한다. 쯔위의 정치적 입장에 대해 나는 알지 못한다. 다만 "정치에 관심이 없고, 잘 아는 것도 없을 것"이라

쉽게 단정할 수 있을 정도로 여성들의 견해가 줄곧 청소된다는 점이 문제다. 이에 대해 소녀들은 분개해야 한다. 젊을수록, 여성일수록, 의견은 지워진다. 그렇게 지웠다가 필요에 따라 '촛불소녀'로 호명하듯이, 이 사회는 젊은 여성들의 정치의식을 언제나 '처음 있는 일'인 양 호들갑스럽게 바라본다.

일제시대 사회주의자 여성은 '마르크스 걸', '엥겔스 걸', '레닌 레이디'라고 불렸다. 언론의 관심은 주로 이들의 연애사였다. 고뇌하는 남성들의 성적 파트너 역할, 곧 '누구의 여자'라는 틀에 갇혔다. 여성의 창작이나 의견은 계속 지워지고 후대에 꾸준히 '재발견'된다. 의견을 지운 자리에는 여성의 외모 품평과 사생활이 들어선다. 대만 총통 차이잉원蔡英文을 다루는 언론의 태도를 보라. 그의 단발머리, 화장기 없는 얼굴 등을 불필요하게 언급한다.

'재색겸비'는 여성을 칭찬하는 흔한 수사다. 심지어 살해당한 피해자도 '미모의 여대생'으로 불린다. '미모'를 빼면 여성의 의미를 찾지 못한다. 그래서 '좋은 뜻으로' 외모 칭찬을 한다. 마찬가지로, 여성을 폄하할 때도 외모를 걸고넘어진다. 프랑스에서 플뢰르 펠르랭Fleur Pellerin이 장관이 되자 이 '젊은 한국계 여성'에게 차별적인 질문을 쏟아낸 기자가 있었다. 그의 질문 중 하나는 "당신이 예뻐서(선택된 거 아니냐)?"였다. 예쁘면 예뻐서 능력을 폄하하고, 안 예쁘면 그 자체로 민폐고 문제다. 칭찬이냐 비난이냐를 넘어, 대부분의 사회는 여성의 외모를 언급하는 태도에 무한히 관대하다. '효녀연합'이라는 이름으로 정부의 위안부 정책에 항의하는 퍼포먼스를 벌인 젊은 예술가를 두고도 얼굴을 평가하지 못해 안달 난 이들이 많았다. '효녀'의 맥락은 읽지 않은 채 효녀의 외모를 '좋은 뜻으로' 평가한다.

미술에서 신체의 역사는 실제 사회에서 인간의 몸을 둘러싼 인식이 변화하는 양상을 보여준다. 로댕Auguste Rodin의 〈생각하는 사람Le Penseur〉은 벌거벗은 남자의 모습이다. 벌거벗은 여자의 모습이 관음의 대상이라면 남성의 나체는 생각하는 '사람'이다. 여성의 몸은 고뇌하는 몸, 운동하는 몸, 투쟁하는 몸, 일하는 몸 등 서사가 있는 몸으로 재현되지 않는다. 정신과 육체라는 이분법에서 여성이 육체를 담당하고 있으니 여성에게 의식이 있다는 사실이 얼마나 낯설겠는가.

죽어주는 여자

영화 〈죽어주는 여자〉에서 소영(윤여정)은 혈연으로 만들어진 가족이 없다. 소영은 고아였으며 가족제도 바깥에 있는 여자로서 세상의 풍파를 다 겪는 존재다. 가부장제 남성의 상상력은 가족제도 안에 있는 여자(어머니, 아내, 딸)와 가족제도 바깥에 있는 여성으로 분리되어 있다. 이 분리된 틀 안에서 대체로 가족제도 안에 있는 여성의 삶이 겪는 풍파는 보지 못한다. 그들은 여성이 가정에서 보호받는다고 여긴다. 그렇기에 영화 〈죽어주는 여자〉는 소영의 고단한 인생사를 보여주기 위해 우선 그를 가족이 없는 여자로 설정한다. 소영의 '가족 없음'은 이 영화가 마지막까지 물고 늘어지는 요소다.

소영은 '38따라지' 출신으로 남의 집 식모도 하고, 공장에서도 일하다가 기지촌에서 오래 생활했다. 미군과의 사이에서 낳은 아이를 입양 보내고, 나이 들어서는 탑골공원에서 '박카스 아줌마'로 살아가

● 이 글에는 영화 〈죽어주는 여자〉(2006)와 〈김복남 살인사건의 전말〉(2010)의 결말에 관한 약간의 정보가 들어 있습니다.

는 65세 여성이다. 소영의 기지촌 경험을 영화는 여러 번 설명한다. 패스트푸드 식당에서 제임스라는 미군과의 대화를 통해 이미 관객은 짐작할 수 있다. 그 후 다큐멘터리 촬영을 위한 인터뷰에서도 설명이 나오고, 공원에서 우연히 만난 과거의 동료를 통해, 호텔에서 제우(전무송)와의 대화를 통해 반복적으로 환기된다. 이 영화는 그의 몸을 통과한 한국 역사를 보여준다. 남성의 현대사와 달리 여성의 현대사는 몸의 착취를 기반으로 한다.

소영은 탑골공원에서 박카스를 들고 낯선 남성에게 다가가 "연애하실래요?"라고 묻는다. 늙고 일자리도 없어 사회적으로 소외된 남성들은 이 '연애'를 통해 남성성을 확인한다. 소영은 처음에는 침대에서 '죽여주는' 여자였으나 갈수록 남자 목숨을 '죽여주는' 여자로 일하며 돈을 번다. 늙음, 치매라는 기억상실 앞에서 남성들은 자존심과 품위를 유지하기 위해 한 여성의 삶을 위험천만한 지경에 몰아넣는다. 여기서 여성은 결코 아무 여성이 아니다. 돈을 주고 살 수 있는 여성이며 가족이 없는 여성이다. 첫 번째 '죽여주는' 일은 두 남성의 우정 속에서 만들어졌다. 자신의 존엄을 위해 여성의 존엄에 대한 배려는 전혀 없는 '신사적인' 남성들의 동맹이었다. 처음 제안을 받았을 때는 말도 안 되는 일이라고 펄쩍 뛰며 거절하지만 '착한' 소영은 결국 부탁을 들어준다.

이 남자들 중에서 제우는 소영의 몸을 구매하지 않으며(과거에 매매가 있었는지는 알 수 없다) 그에게 따뜻하게 대하는 남성이지만, 결정적 순간에 비겁해진다. 그는 어떤 면에서 이 영화 속 인물들 중 가장

'온화한 폭력'을 행사한다. 제우가 소영과 근사한 식사를 하고 비싼 호텔에서 데이트를 청할 때 그는 소영에게 가족이 없음을 상기시킨다. 기다리는 가족이 없기 때문에 집에 돌아가지 않아도 되는 여자였다. 남편과 자식이 없는 여자는 주인이 없는 집으로 취급받는다. 제우는 이 약점을 활용하고 반강제로 수면제를 먹게 만들어 소영이 살인 누명을 쓰는 결정적 원인을 제공한다.

이 영화는 성 구매 남성의 윤리에 대해서는 말하기를 주저한다. 외로운 남성이 돈을 주고 여성에게 위안받는 노후를 낭만화해 성매매에 대한 담론을 얼버무린다. 죽을 때조차 여성을 동반하는 이 남성들의 행동에 대해 영화는 비판적으로 처리하기보다는 자연스럽게 낭만화한다. 돈을 주고 자신의 아랫도리를 위무하게 만들거나, 돈을 주고 죽음을 돌보게 하거나. 결국 노년에도 남성은 지속적으로 여성을 구매한다. 이 구매하는 남성에 대한 사회적 처벌은 영화 속에 등장하지 않는다. 탑골공원에서 박카스를 들고 '일감'을 찾는 여성의 삶 속에 엉켜 있는 정치적·경제적 맥락을 지운 채, 소영과 남성 구매자들의 관계는 '인간적'으로 그려진다. 친구와 매매자가 혼동되는 관계다. 그들에게 연애는 성매매이고, 데이트를 청하는 남자는 자살할 때 옆에 있어달라고 부탁한다. '사회적 맥락'을 위해 영화가 하는 일은 여러 번에 걸쳐 소영의 기지촌 경험을 들려주는 것뿐이다.

'몸 파는 년'이라는 모멸감을 감수하는 소영의 모습은 담겨 있지만 '몸 사는 새끼들'에 대한 모멸의 시선은 이 영화에 없다. 남성의 가족들은 이기적이고, 이 남성들은 마치 성매매를 통해서만 위안받는 듯 그려진다. 〈죽여주는 여자〉는 이런 '외로운 남성'을 '늙은' 남성의 범위로 좁혔을 뿐이다. 돈을 많이 주고 친절하게 대하면 "저한테 잘해준" 신사적인 남성이다. 많은 영화 속에서 남성의 성 구매는 이런 낭만적 외피를 두르고 등장한다.

이 영화에서 가장 나쁘게 그려진 인물은 필리핀에서 '코피노'를 버리고 돈 많은 집의 사위가 된 의사다. 더 가난한 나라 여성의 몸을 착취하는 오늘날의 사례이다. 필리핀 여성의 공격과 "천벌받아야 해. 하여튼 한국 남자 새끼들은 다 똑같지"라고 간호사가 한마디 툭 던지는 것으로 그나마 의사의 파렴치한 행동을 응징한다.

영화에서 소영과 남성 구매자의 관계가 낭만적으로 포장된 반면, 여성 노인과는 어떠한 연대도 없다. 소영은 영화 속에서 여성 노인과 편안히 대화하지 않는다. 그가 대화를 나누는 여성 노인은 탑골공원에서 '상도덕' 때문에 싸우는 경쟁자, 혹은 옛날 기지촌에서 함께 일하던 동료 복희다. 자신의 과거를 떠올리게 만드는 복희는 소영에게 피하고 싶은 인물이다. 폐지를 줍는 여성 노인이 나타났을 때 소영은 연민의 눈빛으로 그를 가만히 응시한다. 또한 옛 '고객'의 병문안을 위해 병원에 찾아온 소영을 매몰차게 대하는 사람은 노인의 며느리다. '꽃뱀'으로 의심하며 "우리 아버님 돈 없어요"라고 분명하게 말해준다.

좋은 요양병원에 입원한 돈깨나 있는 노인이나, 허름한 단칸방에 살고 있는 가난한 노인이나, 이들 '남성' 노인들은 공통적으로 외롭고

품위를 잃어가는 자신들의 모습을 두려워한다. 늙음에 대한 담론은 모두 이 남성 노인의 목소리를 통해 흘러나온다. 노년의 여성이 주인 공이지만, 실은 그 여성의 몸을 통해 남성의 노년을 조명한다. 소영은 이들을 보여주는 매개다. 제도 안에서 처벌받는 사람은 오직 소영뿐이다. 소영은 자식을 입양 보낸 과거의 일을 회상하며 지옥에 갈 것이라고 자책한다. 소영의 노년은 죄의식으로 덮여 있다.

소영의 이름은 'so young'에서 왔다. 소영은 "할머니라고 하지 말아요. 듣는 할머니 기분 나쁘니까!"라고 말하며 할머니로 불리기를 원치 않는다. 마지막에 그의 유골함을 통해 알 수 있듯이 그의 본명은 양미숙이다. 소영이라는 이름은 자신의 바람을 담은 이름일 것이다. 젊음을 강조하는 이름처럼, 젊음과 늙음은 여성의 정체성에서 중요하게 작용한다. 이 영화가 나오기 꼭 20년 전에 보았던 〈늙은 창녀의 노래〉라는 연극이 떠올랐다. 남성이 '늙은 여자'에 대해 다루는 방식은 더 이상 몸을 팔기도 어려운 '늙은 창녀'의 범주에서 벗어나지 못한다.

제 손으로 자신의 문제를 해결하고 누군가를 돌보는 일에 참여하는 남자는 윤계상이 연기한 도훈이다. 흔히 영화 속의 여성 인물은 '밥을 챙기고 몸을 제공하는 여성의 본분'을 중심으로 구성되는 경우가 많다. '몸을 제공'하는 방식은 혼인 관계에서 재생산의 도구로, 혼인 관계 밖에서 매매나 폭력의 대상으로 물화된다. 성스럽든 천대받든 결국 인격 없는 몸(그중에서도 자궁)이다. 소영은 병원에서 '코피노'

인 민호를 데려와 뭔가를 계속 먹인다. 고양이와 어린아이부터 늙은 남성의 죽음에 이르기까지, 소영은 돌본다. 그는 제 몸을 통해 타인의 밥과 정서적 돌봄을 꾸준히 챙기는 존재다. 마지막까지 그는 이웃과 맛있는 식사를 함께한다. 소영은 '천사'다.

왜 소영을 처음부터 끝까지 철저하게 가족 없는 여자로 만들었을까. 가족제도 안에 있는 여성의 삶은 안락한 듯 기만하기 위해서다. 소영이 공원에서 우연히 만난 옛 기지촌 동료 복희에게는 현재 남편이 있다. 남편이 있는 그는 더 이상 과거에 했던 일은 하지 않는 것으로 보인다. 남편을 통해 결국 가부장제 속으로 들어가거나, 거리에서 '몸을 팔거나'로 나뉜다. 소영은 민호 문제로 NGO 활동가를 만나러 갈 때, "남자랑 가야 무시당하지 않으니까" 젊은 남성인 도훈에게 동행을 청한다. 그 젊은 남성도 '장애인'이지만 '늙은 여자'인 소영보다 덜 무시당하는 존재임을 알 수 있다.

전쟁고아로 태어나 돌봄을 받지 못한 그는 끝까지, 죽음에서도 고아가 되었다. 영화는 '잘' 만들었다. 여성의 노년에 대한 일종의 스케치인 이 영화는, 그러나 소수자의 삶에 대한 단순한 나열에 그친다. 코피노, 외국인 노동자, 장애인, 트랜스젠더 등에 대한 나열은 다분히 남성 감독이 서 있는 자리에서 보이는 내용에 국한되어 있다. 이 중 어느 하나도 깊이 들어가지 않는다. '소영은 천사'라는 시선처럼, 여성에 대한 성녀와 창녀의 이분법을 '불쌍한 여자'를 앞세워 잘 포장했다. 소영의 죄책감(자식을 버렸다는 마음)은 사회적 맥락인데, 그의 '죄'는 결국 구원받지 못한다. 그뿐 아니라 자살에 동원된 그는 "어떻게 돈 100만 원에 사람을 죽이느냐"는 소리를 듣고 있어야 한다.

소영은 살인하지 않았다고 적극적으로 항변하지 않는다. 앞서 다큐멘터리 인터뷰에서 "진실? 사람들은 진실 같은 거 궁금해하지 않아. 다들 보고 싶은 걸 보려고 하지"라고 말했듯, 그는 사람들이 원하는 답을 주었다. 진실을 위해 굳이 나서지 않았다. 이는 아마 그가 선택할 수 있는 최선의 품위유지일지도 모른다. 소영이 담배를 피우고 초를 켜는 행위는 그가 끝까지 포기할 수 없는 자위행위인 동시에 품위유지다.

영화는 죽음과 죽음의 처리 방식으로까지 나아간다. 이 영화를 죽음에 관한 영화라고 한다면 오히려 더욱 복잡한 심경이 든다. 자신의 존엄을 간직하기 위해 여성의 손을 빌려 죽은 남성에 비하면, 소영은 제도적 처벌로 갇힌 세계에서 죽기 때문이다. 소영의 시신은 '무연고'로 처리되었다. 내내 '가족처럼' 등장한 티나와 도훈은 왜 나타나지 않았을까. 여기서 나는 영화 〈김복남 살인사건의 전말〉의 마지막 장면이 떠올랐다. 복남이는 왜 꼭 죽어야만 했을까. 왜 복남이는 섬을 탈출해 성공적으로 복수를 완수한 뒤 제 삶을 살지 못하고 결국 죽임을 당해야 했을까. 마찬가지로 소영은 왜 살인죄를 뒤집어쓰고 옥중에서 죽어야 하며, 그것도 무연고로 남아야 했을까.

늙음은 성별에 따라 다른 얼굴을 하고 있다. 소재만으로 주목받는 차원을 넘어서야 한다. 이 영화를 감싸 안은 목소리는 자신의 죽음을 도와달라는 남성 노인들의 절규다. 결국 늙은 여자를 내세워 늙은 남자의 외로움과 실존적 고민을 보여주는 영화다. 빈곤한 여성 노인을 '죽여주는' 주체는 법과 제도다. 죽여주는 여자와 죽는 남자의 이야기다. 소영도 복남이처럼, 가혹한 인생사를 보여준 뒤 결국 '처벌' 받는 여자로 마무리되는 인생에서 벗어나지 못했다.

3장

장소를 향한 폭력

여성의 자리

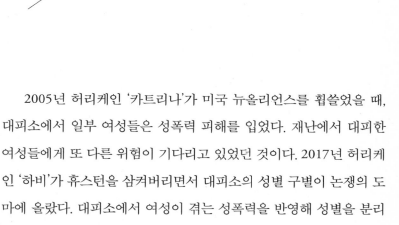

    2005년 허리케인 '카트리나'가 미국 뉴올리언스를 휩쓸었을 때, 대피소에서 일부 여성들은 성폭력 피해를 입었다. 재난에서 대피한 여성들에게 또 다른 위험이 기다리고 있었던 것이다. 2017년 허리케인 '하비'가 휴스턴을 삼켜버리면서 대피소의 성별 구별이 논쟁의 도마에 올랐다. 대피소에서 여성이 겪는 성폭력을 반영해 성별을 분리하자는 주장, 그렇게 분리하면 트랜스젠더는 더 위험해진다는 주장이 엉켰다. 한국에서 2016년 10월에서 2017년 초까지 이어진 박근혜 탄핵 집회에 참여한 여성들은 시위 장소에서 성희롱과 성추행을 겪었다고 증언했다. 위급한 재난 상황에서도, 정의를 추구하는 현장에서도 예외 없이 여성은 성폭력을 경험한다.

    시간과 공간은 지배질서에 따라 불공평하고 불합리하게 주어져 있으며, 장소라는 위치에도 차별이 있다. 젠더 이분법에 중앙과 지방의 구별을 적용하면 여성은 지방의 위치에 서게 된다. 덜 '중요한' 위치이자 중앙의 지배를 받는 위치인 지방처럼 여성은 지방화된다. 여성에게 밤/길을 조심하라는 '단속'은 밤이라는 시간과 다닐 수 있는 공간을 모두 통제하는 행위다. 페미니스트 지리학자 도린 매시Doreen Massey는 다음과 같이 말했다.

> 시간은 주로 남성적인 것으로, 공간은 부재하는 것, 결핍된 것, 즉 여성적인 것으로 코드화된다. 이와 같은 방식의 젠더화는 시간과 공간과 연관된 일련의 이분법을 통해 작동한다. 시간은 역사, 진보, 문명, 정치, 초월과 같은 쪽에 배치되며 남성적이라고 코드화된다.[37]

우리는 동시대를 살아도 이렇게 다른 세계에 산다.

한밤의 게이바에는 대낮의 길거리에서 거의 볼 수 없는 다른 종류의 인간들이 모여 있다. 여학생 휴게실이나 여직원 휴게실이 있는 이유는 여성을 위한 '특혜'가 아니다. 여성이나 성소수자가 '보편적' 인간으로 취급받지 못하기 때문에 '보편적' 장소를 이용하는 데 불편함을 겪기 때문이다. 여성 전용 주차장은 여성폭력을 방지하는 대안일 뿐 특혜와는 전혀 무관하다. 여성의 장소는 자꾸만 제약받고 침범당한다. 화장실 '몰카'라는 성폭력은 바로 일상에서 일어나는 침략행위다. 남성은 여성의 몸(공간)을 침범해 그 공간을 채우고 장소를 점령하려 한다. 그래서 전쟁은 반드시 강간을 동반한다.

또한 여성의 위치는 늘 문제시된다. '왜 거기에' 있었는가를 묻는다. 2016년 5월에 발생한 강남역 살인사건에서 일부 언론은 제목을 통해 사건이 벌어진 곳이 '강남 유흥가'라고 강조했다. '강남'과 '유흥가'는 살해당한 여성에게 편견을 덧입히기 좋은 단어다. 사건이 발생한 장소는 미성년자도 들어갈 수 있는 대중적인 장소였건만, 마치 새벽 한 시 유흥가를 떠돌던 젊은 여성의 탓이라는 어감이 담겨 있다. 여성을 죽이는 이유는 시대와 지역에 따라, 개인 사정에 따라 꾸준히 발명된다. 여성이 느끼는 공포는 바로 이 지점에 있다. 내가 조심하든 안 하든, 내가 어디에 있든 죽을 수 있다는 공포.

'화장실'이라는 장소와 '모르는 사람'에 대한 살해 때문인지 나는 1997년의 이태원 살인사건을 떠올렸다. 그러나 두 살인사건을 대하는 보도 방식이나 여론은 사뭇 달랐다. '미국인'에 의해 한국인 남성이 피해를 입은 이태원 살인사건에서는 가해자를 향한 비난만 쏟아진 반면, 강남역 살인사건에서는 상당수가 피해자 탓도 했다. 내부자인 한국 남성이 한국 여성에게 저지른 살인에는 다른 모습을 보인 것이다. 한편 2012년 발생한 수원 여성살해사건에서도 가해자에 대한 비난이 빗발쳤다. '조선족'이라는 외부자가 한국 여성을 잔인하게 살해했기 때문이다. '민족'과 '국가'의 개념이 필요 없어질 때 살해당한 여성에게서 원인을 찾으려고 하며, 가해자의 정신병이 강조된다.

여성은 어디에 있어야 안전할까. 2017년 12월 제천 스포츠센터 화재 사건의 경우, 29명의 사망자 중 23명이 여성이었다. 당시 건물 안의 사람들을 대피시키던 건물주는 여성 사우나에 들어가지 않은 채 밖에서 소리만 질렀다. 사우나 안에는 여성들이 옷을 벗고 있기 때문이다. 여성의 벗은 몸은 수시로 관음의 대상이 되지만 정작 목숨이 위급한 상황에서는 그 벗은 몸이 '보호'받았다. 이 사건은 여성의 몸과 여성이 있는 장소에 대한 차별적 관념이 만들어낸 비극이다.

엄마의 자궁조차 어떤 여아에게는 태어나는 장소이지만, 어떤 여아에게는 죽는 장소다. 어떤 여성들은 가족묘를 거부한다. 그 '가족'이 구성되는 기준은 남성이다. 죽어서도 '시집 귀신'이 되기를 거부하는 것이다. 자궁에서 무덤까지, 자리 찾기를 위한 여성의 분투는 계속된다. 포스트잇을 붙여 '강남역'을 추모의 장소로 만든 수많은 여성들의 연대가 적극적이고 일상적인 최선의 정치 행위인 이유다.

남성의 응시가 지배하는 장소

　　십 대 후반 즈음에 어떤 시내 미술관에서 있었던 일이다. 나는 두 명의 또래 남성 친구와 함께 '유럽대륙the Continent' 전시관을 둘러보고 있었다. '반드시 가 봐야 할 곳' 중 하나였던 이 고급 문화의 사원은 그림으로 가득 차 있었는데 주로 나체의 여인들 그림이 다수를 차지하고 있었다. 그것은 남성이 그린 여성 누드화였고, 따라서 남성의 눈을 통해 보는 여성 그림이었다. 나는 두 젊은 남성 친구들과 함께 서 있었고 그들은 남성의 눈을 통해 보는 여성 그림을 보고 서 있었다. 나는 남성의 눈을 통해 보이는 여성 누드화를 보고 있는 나의 두 젊은 친구들을 바라봤다.[38]

　　같은 장소, 같은 시간에 나란히 서 있지만 각자의 정체성에 따라 다른 경험을 한다. 여성은 작가로 미술관에 들어가기보다 남성 작가의 작품 속에서 벗은 몸으로 미술관에 들어가기가 더 쉽다. 근대화 시기에 인상주의와 후기인상주의의 많은 남성 화가들이 바라본 장소는 크게 두 종류다. 우아한 숙녀가 있는 극장이나 공원, 혹은 '노는 여자'

에두아르 마네, 〈풀밭 위의 점심식사〉(1863)
여성은 작가로 미술관에 들어가기보다 남성 작가의 작품 속에서 벗은 몸으로 들어가기가 더 쉽다.

들이 있는 유희의 장소다. 후자의 장소에 등장하는 여성들은 바에서 손님을 맞거나 몽마르트의 사창가에 있는 경우가 많다. "마네와 동일한 계층의 여성은 과연 이러한 공간들을 익숙하게 느끼고 있었을까?"[39] 미술사학자 그리젤다 폴락Griselda Pollock은 이렇게 질문을 던진다.

폴락은 메리 카사트Mary Cassatt와 베르트 모리조Berthe Morisot의 작품을 중심으로 당시 여성 화가들의 작품에 등장한 공간을 살핀다. 그들의 작품에서 표현된 공간은 식당, 작업실, 침실, 발코니, 개인 정원이었다. 간혹 극장이나 공원이 등장하지만 가정 내 공간이 더 많다. 대중적인 유흥가는 남성 화가의 시선으로 포착되고, 그 장소에 있는 여성들(무희나 성 판매 여성, 맥주를 파는 여성 등)이 그려진다. 이 장소에서 일하는 여성들과 중산층에 속하는 여성 화가는 만나기 어렵다. 서로 다른 장소에 살기 때문이다. 정숙이 요구되는 중산층 여성은 유흥의 장소에 오랜 시간 머물 수 없다. 일반적으로 유흥의 공간이란 남성의 응시가 지배하는 장소다. 근대 도시는 공공장소와 집을 공과 사의 영역으로 구별했다. 정숙한 여성들은 사적인 집 안에 있어야 했고, 남성들은 거리와 바에서 시선의 지배자가 될 수 있었다. 밤에 거리를 걷는 독신 여성은 성매매 여성으로 오해받을 각오를 해야 했다. 여성이 체면을 유지한다는 것은 공공장소에 함부로 자신을 드러내지 않는 것이다. 편안할 '안安'은 집에 있는 여성이 안전하다는 뜻이 아니다. 집에 여자가 있어야 남자가 편하다는 의미다.

반면 노동계층 여성은 일하기 위해 밖으로 나가야 한다. 남성이 보는 일하는 여성은 주로 남성을 위한 유흥의 장소에 한정되어 있다. 이때 이 여성들은 '진정한' 여성이 되지 못한다. 노동자로서 '밖으로 나온 여자'는 곧 남성에게 '공적인' 성적 대상이 된다. 분야를 막론하고 여성의 노동 현장에는 항상 성폭력이 따라다닌다. 노동 현장에서 여성들은 업무와 무관하게 술을 따르고, 외모를 관리해야 하며, '부르스'를 추고, 각종 성추행과 성희롱에 노출되어 있다. 그중에서도 특히 성폭력의 대상이 되는 직종은 서비스업이다. '서비스'는 여성화된 노동이고 서비스를 받는 남성 고객들은 노동하는 여성을 성애의 대상으로 여긴다. 왁싱처럼 몸을 다루는 노동을 성 서비스로 받아들이는 이들은 해당 노동자를 비인격적인 성적 대상으로 바라본다.

존중받지 못한다면 여성에게 안전한 장소는 없다. 여성에 대한 성적 지배의 극단에는 바로 여성살해가 있다. 2017년 7월 한 여성이 자신의 일터인 왁싱숍에서 손님을 가장하고 침입한 남성에게 살해당했다. 이 남성은 해당 왁싱숍이 등장하는 한 동영상을 보고 범행을 미리 계획했다. 이 동영상은 BJ 남순이 홍보를 조건으로 직접 왁싱숍에서 제모 시술을 받고 이 과정을 모두 촬영해 방송한 것이다. 이 방송에서 숙련된 노동자는 '미녀 왁싱사'로 불리고, 동영상 제목 중에는 "미모의 여자 왁서 앞에서 서…섰다"라는 표현이 있다. 이 사건은 숙련된 여성 노동자의 공간이 침범당한 사례다. 여성이 자신의 일을 위해 노출한 정보는 범죄의 표적으로 쓰였다. 여성에게는 노동의 장소지만, 브라질리언 왁싱을 하는 남성은 '섰다'라는 표현을 쓰며 그 장소 자체를 여성화한다.

왁싱사를 '남자의 성기를 세우는' 성적 대상으로 만들었던 카메라의 1차 폭력이 있은 후, 동영상을 통해 범행 대상을 지목하고 그곳에 찾아가는 행위로 2차 폭력(살인)이 발생했다. 보는 주체가 보인 대상에게 가한 폭력행위다. 여성은 공적으로 '보임으로써' 사냥의 대상이 되었다. 응시의 대상이 어떻게 잔혹한 살인의 대상으로까지 연결되는지 보여주는 사례다. 보는 폭력에 둔해질 수 없는 이유다.

왜, 거기에, 홀로

　혼자 여관에 가는 여자와 혼자 여관에 가는 남자, 혼자 택시를 타는 여자와 혼자 택시를 타는 남자. 이들의 '혼자'는 각각 다른 경험을 만든다. 여자가 혼자 여관에 가면 자살하러 오지 않나 생각하지만, 남자가 혼자 여관에 가면 '아가씨'가 필요한지 묻는다고 한다. 나는 이 이야기를 너무도 늦게 알고 경악했다. 나는 도대체 어디에 살고 있는 것일까.

　불가피하게 장거리를 택시로 이동하던 중, "그 돈으로 여관 가서 나랑 술이나 한잔하고 내일 새벽에 첫차 타고 가라"는 '농'을 내게 던지던 택시기사도 남성 승객에게는 이런 쓸데없는 소리를 안 할 것이다. 그러니 우리는 같은 세상에 살더라도 전혀 다른 세계를 경험한다. 이러한 문제를 지적하면 택시기사라는 계급에 대한 멸시로 문제를 변형시키는 사람들도 있다. 문제를 문제화하려는 사람들의 입을 이런 비겁한 방식으로 막지 말길 바란다. 택시를 타는 여성들의 계층은 다양하다.

　"우리 아버지 평생 택시기사 하는데, 뭐가 무섭죠? 택시기사는 승객을 무서워해요!"라고 따지던 남성을 만난 적 있다. 그는 '승객을 무서워하는 택시기사'의 입장을 열심히 말했다. 술 취한 여자는 더 골치가 아프고, 괜히 잠들어 있는 여자 깨운다고 손댔다가 오해만 사기 십상이고, 자기 아버지가 폭력을 쓰는 남성 승객을 만난 적이 있으며……. 그의 말대로 택시기사는 승객을 무서워할 수 있다. 왜 아니겠는가. '택시기사'라는 말에 매달리지 말고 '밀폐된 공간에서 단둘이 있게 될 때 여성이 겪는 일'로 이해하려는 의지가 있다면 대화가 좀 되었을 것이다. 게다가 택시기사 중에 여성도 있다. 여성 택시기사들은 조수석에 앉는 남성 손님에게 추행을 당하기도 한다. 여성이 밀폐된 공간에서 남성과 함께 이동하는 동안 발생하는 이런저런 일을 '알게' 된다고 해서 택시기사가 처하는 또 다른 물리적 위험을 부정하게 되지는 않는다. 또한 성실한 노동자와 성차별적 인간은 양립 가능하며, 이는 별개의 사안이다.

그러나 이러한 성차별적 인식보다는 대체로 여성을 조심시키는 데 주력한다. 택시기사에 의한 성폭행 사건이 발생하자 경찰서 강력팀장은 이렇게 조언한다.

> 보통 많은 택시기사 분들은 정상적인 그런 운행을 하고 정말 건전한 정신을 가지고 있지만 혹여 젊은 만취한 여성이 택시를 탔을 때 범죄 심리를 발동시키는 사람이 있거든요. …… 절대로 심야에 여성이 만취된 상태에서 택시를 타지 않는, 그런 주의를 스스로가 할 필요가 있다고 봅니다.[40]

여성이 어떤 장소에서 피해를 입었을 때 '왜 거기에 있었느냐'는 질문이 따라온다. 2012년 제주도 올레길을 홀로 걷다가 살해된 여성을 두고 '왜 혼자' 거길 갔냐고 피해 여성을 질책하는 목소리도 있었다. 왜? 여자가 혼자 거길 왜? 사회의 약자는 '보이지 않기 위한 노동'을 꾸준히 해야 한다. 가리고, 숨고, 돌아다니지 말고, 나타나지 말아야 한다. 이 노동을 소홀히 하면 비난이 날아온다. 장애인이 왜 돌아다녀, 애 엄마가 왜 돌아다녀, 노인네가 왜 돌아다녀, 계집애가 어딜돌아다녀.

돌아다니는 여성을 향한 길거리 성희롱은 이런 의식이 반영된 태도다. 돌아다니는 여자는 침범해도 된다는 생각에 유혹도 아닌 희롱이나 추행을 한다. 지하철이나 버스 안에서 몸을 부비고, 따라오고, 귀찮게 말을 걸며 신상을 캐묻는다. 이러한 길거리 성희롱이 '문제'임을 인식한 프랑스에서는 법적 개입을 하기로 했다. 제도적 개입이 가져올 실효성과 개입의 정당성에 대해 의구심은 있으나, 이를 문제로인식했다는 점은 주목할 만하다. 성희롱과 성추행 없이 길을 걷고 대중교통을 이용할 수만 있어도 일상의 삶의 질이 얼마나 획기적으로변할까.

혼자 돌아다니지 않더라도, 강남역부터 왁싱숍까지 여성이 있는장소는 유흥의 장소든 노동의 장소든 안전하지 못하다. 강남역 사건의 가해자는 여성이 홀로 화장실에 들어가길 기다렸고, 왁싱숍 사건의 가해자는 여성이 홀로 일한다는 사실을 알고 일부러 찾아갔다. 혼자 일하거나 혼자 사는 공간은 만만한 침범 대상이 된다.

박경인은《자취방》이라는 사진집을 통해 여성의 자취방을 남성의 관음증 공간으로 만들었다. 연합뉴스에서는 '혼사녀'라는 조어까지 만들었다. 영화 〈미술관 옆 동물원〉은 춘희(심은하)가 자신의 아파트에 난데없이 등장한 철수(이성재)와 기이한 동거를 하는 내용이다. 철수가 방값을 냈기 때문에 매정하게 내쫓지 못하는 설정도 갑갑하지만, 무엇보다 철수가 춘희의 소설 내용을 변화시키는 부분이 찜찜하다. 이 영화는 당시 새로운 여성 인물의 탄생으로 각광받았다. 내숭 떨지 않는 성격이나 비디오 촬영이라는 직업을 가진 춘희는 흔치 않은 여성 인물이긴 하다. 그러나 춘희의 장소가 무작정 침범되고 춘희의 이야기가 남성의 개입으로 변경되는 과정을 긍정적으로 보긴 어렵다. 영화에서는 낭만적으로 그려졌지만, 이러한 장소 점거는 실제 여성에게 폭력행위로 이어지는 경우가 많다.

강간의 장소성

"만취한 20대 여교사 몸속 3명의 정액 …… 학부형이 집단 강간"(헤럴드경제)

'만취한', '몸속', '정액'이라는 표현에는 독자의 관음증에 충실하고 여성이 겪은 폭력을 포르노로 소비하려는 의지가 담겨 있다. 여기서 '몸속'이라는 표현은 특히 여성의 몸에 대한 공간적 상상력을 부추긴다. 또한 섬마을 교사 집단 성폭행 사건을 보도하는 방식은 지역 차별을 조장했다. '전라도 섬'이라는 특정 장소가 강조되면서 관련 지역 특산물을 구매하지 않겠다는 사람들의 반응이 속속 보였다. 여성의 몸을 침범한 행위를 비판한다는 구실로 지역 차별에 참여한다. 여전히 남성-중앙의 시각이다.

여성화된 몸을 침범하는 행위는 남성들에게 하나의 여행으로 여겨진다. 페미니스트 지리학자들은 몸을 지리적 장소로 여기며 몸의 차이를 바탕으로 차별의 기초를 만드는 '문화'에 주목한다. 몸은 물질적이지만 사회적 성을 재현하고 수행하는 기초 단위다. 몸 그 자체가 하나의 공간이며, 어떤 위치에 있느냐에 따라 다르게 보이고 다른 평가를 받는다. 다른 나라로 이동한 여성의 몸은 자국에서와 다른 의미로 성적 대상이 되고, 자국에서는 오염된 여자로 여겨진다. 식민지가 식민 본국 남성에 의해 여성화되듯이, 장소는 종종 여성화되고 여성은 장소화된다. 여성의 몸을 점거하는 행동은 하나의 장소 경험이나 다름없다.

2016년 5월 《매일경제》의 '밤의 동화'라는 연재물 중에 술 취한 여성에 대한 강간을 대단한 무용담처럼 공유하는 '미스터 존슨'의 글이 실렸다. 여성민우회를 비롯해 많은 사람들이 사과문과 언론사 데스크의 징계를 요구했다. 《매일경제》는 다음 날 외부 필진의 글을 잘 걸러내지 못했다며 사과하고 글을 삭제했다. 왜 그런 범죄를 고백하는 글을 버젓이 실었을까. 이는 극단적 사례에 해당하지만, 언론에서 여성을 성적으로 지배하려는 태도가 나타난 것이 처음 있는 일이 아니다. 2007년 《문화일보》는 '신정아 누드 사진'을 게재했다. 문제가 되리라는 예상을 못했을 리 없지만, 그래도 '남는 장사'라고 생각했기에 저질렀을 것이다.

《매일경제》의 사과문을 보면 "클럽문화의 생생한 뒷얘기"를 전하려 했다는데, 어떤 '문화'를 전하려고 했을까. 강간'문화'? '강간'은 남성이 여성을 지배하는 하나의 이데올로기다. 여성을 강간하는 행위는 '성적 판타지'로 기대되기까지 하며, 여성에 대한 남성의 지배를 합리화하는 명목으로 작용한다. 강간의 위험은 여성을 항상 조심하게 만드는 규범으로 작동하며, 강간을 '당하는' 여성과 몸을 '지키는' 여성을 분리하는 것은 여성이 다른 여성을 억압하는 기제가 되기도 한다. 그렇게 강간은 문화가 되어 경작되고 길러진다.

글 속에서 남성은 일단 코를 높이고 턱을 깎는, 그야말로 '뼈를 깎는' 고통을 감수해 '작업'에 좋은 얼굴을 만든다. 뿔테 안경도 착용했다. 부드럽고 낮은 목소리를 연습했다. 밤 10시 이후에 클럽에 입장해 여성들을 유혹하기 시작한다. 결코 억지로 술을 먹이지는 않았지만, 자신의 매력 덕분에 어느 날은 4명의 여성이 그의 품에서 쓰러지기도 했다. 쓰러지면 그 안의 '본능'이 살아난다고 한다. 여성이 술을 마시다가 정신을 잃으면 나이트 동료에게 양해를 구하고 15분간 방을 빌린다. 방 안의 상황은 독자들의 상상에 맡기라고 하면서 나이트 동료들이 방 안을 훔쳐본다는 사실을 알려준다. '끝나면' 여성을 방치하지도 않고 자리까지 부축해준다고 한다.

이 여성들은 대부분 야한 화장을 하는 피팅 모델이나 '직업여성'이며 대학생이나 회사원은 아니라고 한다. 글쓴이는 이에 대한 아쉬움을 표하며 자신도 '정상적인 연애'를 해보고 싶다고 한다. 그의 품에서 쓰러지는 여성들은 '정숙한' 여성이 아님을 드러내어 피해 여성들에게 이중의 모욕을 주는 동시에, 정숙한 여성과의 관계를 갈구한다. 글의 후반부에 이르면 글쓴이가 안타까워 보일 정도다. 얼굴을 고치고 목소리를 연습할 정도로 여성에게 다가가려 애쓰지만 여성을 존중할 줄은 모른다. 관계를 갈망하지만 관계가 뭔지 모른다. 의식 없는 여성과의 성관계(?)는 '관계'를 포기한 관계다. 타인에게서 자신이 원하는 내용만 빼앗아가기, 바로 착취다. 이 착취의 공허함을 또 다른 착취로 채우기를 반복하며 '남성의 외로움'과 자기 연민을 읊어댄다.

픽업 아티스트Pickup artist는 여자를 '헌팅'하는 남성이다. 처음 만난 여성을 유혹해 성관계까지 가는, 이른바 '작업에 성공'하는 '기술'이 좋은 남성이다. 성/관계가 목적이지만 '관계'는 지속되지 못한다. '원나잇 스탠드'로 단발적인 성관계를 지속할 수 있는 기술을 갖췄다고 할 수 있다. 《매일경제》에 등장하는 '미스터 존슨'도 이런 범주에 해당하는 인물이다. 이렇게 언론이 나서서 강간을 부추기고 공유한다. 모든 남자가 강간범은 아니어도 모든 여자는 강간을 조심하도록 길러진다. 그것이 바로 강간문화다.

강간문화

《삼국사기》의 '열전'에 등장하는 도미 부부 전설은 여성을 착취하려는 권력자 남성이 뜻대로 되지 않자 그 남편의 눈을 뽑아 처벌하는 이야기다. 부부간의 애틋한 정과 도미 부인이 정절을 지키는 정신으로 유통되지만, 실은 여성을 매개로 하는 남성 권력의 성적·계급적 착취다. 도미 부인은 이름도 없다. '아랑'은 후에 박종화의 소설에서 붙여진 이름이다. 강간문화rape culture는 '저항하는 여성'을 숭배하는 '문화'를 동반한다. 이는 저항하지 않는 여성을 낙인찍기 위해서다. 섬마을 교사 성폭행 사건을 두고 채널A는 "꼬리치면 안 넘어올 남자가 어디 있어? 애도 아니고 그 시간까지 같이 있을 때는 ……"이라고 말하는 주민의 목소리를 전달했다.

영화 속에서 여성을 강간하려 하거나 강간하는 장면은 공격과 저항 속에서 하나의 스릴 있는 오락이 되며 잔혹한 포르노처럼 소비된다. 영화 속 강간은 영화 바깥에서 '엑기스 짤'로 불리며 '섹스신'으로 소비된다. 성폭력이 '여배우의 노출'을 기대하는 남성 관객을 위한 일종의 서비스처럼 만들어진다. 작품 속의 인물과 그 인물을 연기하는 여성 배우 모두를 향한 성적 착취다. 그 반대의 경우는 공포 분위기가 전혀 조성되지 않는다. 여자가 남자를 '덮치는' 상황은 코미디로 다룬다. 영화 〈국제시장〉에서 독일 여성이 달구(오달수)에게 접근하는 장면을 기억해보라. 남성의 몸은 침탈당할 수 있는 장소로 여겨지지 않는다.

성인 사이트를 가장한 성범죄 사이트인 '소라넷'이 무려 17년 동안 있었다고 한다. 회원 수는 100만 명이 넘었다. 이 사건을 보도하며 JTBC는 "소라넷판 '판도라의 상자'가 열리게 되면서 음지에서 욕망을 채우던 남성들의 불안도 커지고 있습니다"라는 말로 마무리했다. '욕망', '채우던', '불안' ……. 성범죄는 주로 (남성의) 본능과 결부하고, 나아가 이 본능과 행위 주체자를 분리해 남성 또한 '본능의 또 다른 피해자'가 된 것처럼 그린다. 남성의 범죄 행위를 표현하는 언어들은 항상 순화된다.

음란 사이트로 알려진 '소라넷'은 1999년 '소라의 가이드'라는 이름으로 만들어졌으며, 2003년부터 소라넷으로 개편되었다. 야설과 야동처럼 '순수한' 음란물을 공유하는 목적으로 만들어졌겠지만, 음란과 범죄 사이의 경계는 차츰 흐려졌다. 약을 탄 술을 먹게 해서 여성이 의식 없는 사이에 강간하고 이를 '골뱅이'라 부르며, 나아가 강간을 인증하는 사진까지 공유하곤 했다. 이러한 범죄 행위는 2016년 4월이 되어서야 경찰에 의해 강제 폐쇄되면서 적어도 형식적으로는 일단락되었다. 어떻게 그 오랜 시간 동안 이들의 범죄가 살아남았을까. 그동안 피해 여성은 얼마나 많았을까. 헤아리기 힘들다. 이러한 사이트가 언제 조용히 다시 열려 여성을 향해 떳떳하게 폭력을 행사할지 알 수 없다.

소라넷 폐쇄 논의가 한참 오가자 한 남성이 내게 이렇게 말한다. "그래봐야 소용없어요. 풍선효과만 만들어요." 아, 이 말은 얼마나 끔찍한가. 풍선효과? 여기서 강간이 일어나지 않으면 반드시 저기서 일어난다고? 강간 총량 법칙이라도 있는 것인가. 이처럼 여성이 겪는 문제를 자연법칙처럼 여기며 팔짱끼고 방관하는 이들은 강간문화에 이바지하는 하나의 구성원이다. "모든 강간은 권력의 표현이다." 수전 브라운밀러Susan Brownrniller가 저서 《우리의 의지에 반하여: 남성, 여성 그리고 강간Against Our Will: Men, Women and Rape》에서 한 말이다. 강간은 고대로부터 남성 중심의 사회적 질서를 유지하는 하나의 수단이었다.

'강간문화'는 1970년대 미국의 여성운동에서 등장한 개념이다. "여성을 강간하는 것이 정상적인 행위로 간주되고 심지어 기대되기까지 하며, 여성에 대한 남성의 태도와 여성 자신 및 다른 여성에 대한 여성의 태도 등이 위의 문화적 가정에 의해 착색되는 문화적 분위기를 의미한다."[41]

영화 〈실미도〉의 집단 강간 장면에 등장하는 피해자처럼, 여성이 겪는 '강간의 역사'는 종종 더 커다란 사건에 가려진다. '억울하게 희생된 아버지들'의 역사 밑바닥에는 그 아버지들이 밟고 서 있는 여성들의 역사가 있다. 국가폭력의 희생자인 남성들은 시골 여성 교사의 몸을 집단 강간하며 잠시 해방감을 느낀다. 한편 분노의 동기로 작용하는 강간도 있다. 19세기 미국에서 반란을 일으킨 노예 냇 터너Nat Turner를 다룬 영화 〈국가의 탄생The Birth of a Nation〉(2016)에서 강간은 흑인 남성 노예들의 반란에 강력한 동기로 작용한다. 이때 강간 피해 여성의 몸은 정의를 실현하는 하나의 매개물이 된다.

성애와 성폭력

기이한 장면이었다. 강간 모의 공범이 "동성애에 찬성하느냐"라는 질문을 다른 후보에게 던지고, 이 강간 모의 공범에게 아무렇지도 않게 "반대하죠"라고 답하는 대선 후보 TV 토론. 2017년 대선 당시 문재인과 홍준표 사이에 오간 이 질문과 답변은 한국 성 정치의 지형을 정확하게 보여준다. 여성 '문제'나 성소수자 '문제'라 불리는 이 '문제'들은 그 명명에서도 알 수 있듯이 여성이 아니고 성소수자가 아닌 사람들이 바라보는 문제다. 특히 홍준표 후보의 얼굴은 이 사회 기득권의 초상이다.

혐오의 공식화는 '그래도 된다'는 의식을 정당화하며 슬금슬금 일상에 스며든다. 그렇지 않아도 '정치적 올바름' 따위는 피곤한데, 정치인이 앞서서 속마음을 대신 말해주면 두 팔 벌려 환영할 사람들이 많다. 특히 페미니스트 대통령이 되겠다는 사람이라면 진정성을 떠나 정치적 언어라도 제대로 구사하기를 원한다. 페미니즘이 정치적 도구로 활용되는 일은 그 자체로 꼭 나쁘게만 볼 필요는 없다. 위선도 자꾸 연습하면 어느새 태도가 몸에 배어 결국 그 사람의 일부가 된다. 최소한의 위선조차 연습하지 않은 채 페미니스트 선언만으로 '페미니스트 대통령'이라 불리는 것이 오히려 속임수다.

나쁜 정치는 항상 공동의 적을 만든다. 종교가 이단을 발명해 교리를 지키려 했듯이, 정치는 허구의 적을 만들어 다수를 집결시킨다. '종북' 장사가 이제 시원치 않은 모양이다. 성소수자를 공동의 적으로 설정하고 있다. 성소수자는 직장을 잃을 확률, 노숙을 할 확률이 더 높고, 성소수자의 자살 충동은 이성애자의 열 배에 달한다. 청소년의 경우는 45.7%가 자살 시도를 한 적이 있다. 이러한 사실을 외면한 채 '나중'을 말하면 이는 사회적 합의라는 이름의 소수자 묵살이다.

돼지흥분제로 젊은 시절 강간 모의에 가담한 '꿈꾸는 로맨티스트' 홍준표는 군대 내 성'폭력'보다 동'성애'를 더 문제로 여기지만, 여성 군인에게 성폭력를 저지른 가해자 중에 법적 처벌을 받는 사람은 8.5%에 불과하다. 군대는 남성 군인의 사기를 북돋우고자 여성을 동원해 '위안'이라는 이름의 매매와 폭력을 곧잘 묵인하는 한편, 남성 간의 성애는 사기를 저하한다는 명목으로 색출한다. (동)성애가 제한되지만 (이성) 성폭력에는 관대한 '강간의 왕국'에서 안보란 허구다.

군대 밖의 성폭력 사정도 크게 다르지 않다. 그는 흉악범을 사형시키지 않아 범죄가 늘어난다고 하는데, 그렇다면 정작 성범죄의 헐거운 양형에는 왜 침묵할까. 우리 사회는 성인 동성 간의 성애보다 미성년 여성에 대한 성인 남성의 성폭행을 더 '인간적으로' 여긴다. 미성년자 성폭행범도 열 명 중 네 명이 집행유예로 풀려난다.

"손녀 같아서" 캐디를 성추행했다는 박희태 전 국회의장은 집행유예를 받았다. 16년 동안 의붓딸을 성추행한 남성은 "의붓딸을 상대로 한 것으로 불특정 3자에게 다시 성폭력 범죄를 저지를 가능성은 높다고 단정할 수 없다"는 이유로 고작 징역 3년을 받았고 전자발찌도 부착하지 않았다. 요양원에서 일하던 분을 만난 적이 있는데, 요양보호사들이 할아버지보다 할머니가 많은 곳을 선호한다며 "어떤 할아버지들은 기저귀 갈아줄 때 자꾸 보호사들 엉덩이를 만지고 이상한 짓을 해요"라고 한다. "안 끝나요. 여든이 넘어 기운 없이 누워 있는 와중에도 그런 짓을 해요. 죽어야 끝나."

최소한 사람과 돼지를 구별하지 못하는 사람(?)은 대선 후보는 물론이고 정치를 하는 일이 없어야 한다. 그게 돼지도 살고 사람도 사는 길이다. 설거지는 여자가 해야 한다는 발언부터 돼지흥분제 사건까지, 이는 모두 연결되어 있다. 여성을 집 안에서 밥하는 노예와 집 밖의 성노예로 나눠 행복추구권의 도구로 활용한다. 밥을 먹기 위해 여자가 필요하고, 놀기 위해서도 여자가 필요하다. 이런 사람이 대선 후보로 등장하는 모습도 보기가 괴로운데, 무려 2위를 했다. 그를 사퇴시키지 못하는 사회에서 여성이 겪는 일상의 범죄와 차별은 '아무것도' 아닌 일이 된다.

화해하고 공유하기

칠레의 아옌데Salvador Allende 정권 말기 쿠데타를 배경으로 한 영화 〈마추카Machuca〉는 빈민촌 소년과 부잣집 소년의 관계를 통해 계층갈등을 보여준다. 이들 옆에는 가난한 소녀도 있다. 두 소년이 사회계층의 상징이라면 그들 사이에 있는 한 소녀는 '성'의 세계에 두 소년을 인도하는 매개자로 등장한다. 동시에 이 소녀는 변화의 틈에서 뭉개지는 최후의 희생자다. 영화 속에서 군부의 총에 맞아 죽는 대상으로 낙점된 인물은 바로 이 소녀다. 소녀는 관점을 지닌 인물은 아니다. 이 영화에서 관점은 계층이 다른 두 소년에 의지한다. 우정도 이들의 몫이다.

안타깝게도, 사회변혁기를 다루는 좋은 작품들에서 이와 같은 방식의 서사를 찾기란 어렵지 않다. 다른 계층, 다른 나라의 남성 사이에 있는 한 여자는 주로 물질적인 몸과 섹슈얼리티로 남성 세계의 공유물이 되거나 갈등의 시발점이 된다.

'적폐'라는 단어가 2017년 대선을 기점으로 만개했다. 어떤 대상을 적폐로 낙인찍는 것도 우려스럽지만, 정작 적폐를 제대로 보고 있지도 않다. 적폐란 오랫동안 쌓인 폐단이다. 여성을 향한 성적 착취야 말로 오랫동안 쌓인 폐단인데, 이 폐단을 청산하려는 의지는커녕 오히려 이를 디딤돌 삼아 '우리 편'을 구축한다. 오래된 착취는 여전히 '쿨'한 놀이가 되어 차곡차곡 쌓이고 있다. 2018년 상반기부터 본격적으로 시작된 성폭력 폭로, 곧 미투me too 운동은 이러한 폐단에 짓눌린 여성들의 목소리가 참을 수 없이 터져 나온 현상이다. 이 운동에 대한 남성연대의 반응은 역시 거세고, 폭로하는 여성을 '가짜' 피해자로 만들려 애쓴다.

문재인 정부의 청와대 행정관인 탁현민은 공연기획자 시절 여러 책을 출간하면서 성차별적 인식을 꾸준히 드러냈다. 그중에는 고등학생 때 한 명의 중학생을 두고 여러 친구들이 '함께' 겪은 '첫경험'을 떠벌린 내용도 있다(그는 이를 '픽션'이라고 변명했다). 첫경험을 자랑스럽게 떠벌리는 어떤 남성들의 목소리와 달리, 어떤 여성들은 뒤늦게 인식한 폭력의 첫경험을 고백한다. 이러한 첫경험이 누군가에겐 쟁취와 정복의 유희로 남아 나이를 먹어도 활자로 남길 만큼 자랑스러운 일이다.

그는 "그땐 그냥 그런 시절"이라며 마치 '나만 그런 것도 아니다'라는 식으로 말했다. 이 말을 무심히 넘길 수 없는 것은 바로 '그때' 그 여성들은 안중에도 없는 발언이기 때문이다. 그때? 나도 그때를 지나왔다. 그때, 바로 내가 중학생일 때 '오빠들과' 가출했다가 퇴학을 당했던 여학생이 떠올랐다. 고3이 되었을 때 친구와 길에서 그 여학생을 마주친 적이 있다. 화장을 하고 구두를 신고 있어서 우리는 그를 올려다보았다. 그는 내내 뒷짐을 지고 있었는데, 헤어진 뒤 친구가 말했다. "봤어? 커피병 감추고 있는 거." 그때 그 여학생은 더 이상 학생이 아니었다.

"딱지를 뗐다는 자부심"을 가지고 "학교에서 확실하게 4등"이 된 인물은 '그때는 다 그랬다'는 이해를 딛고 현재를 살아간다. 남자 앞길 막지 마라. 사회의 규칙이다. '앞길'이 있는 이들은 '그때'에 대해 '쿨'하다. 마음만 먹으면 '구매'할 수도 있는데 구매하지 않았을 만큼 이미 스스로 도덕적인 남자들은 이를 몹시 인정받고 싶어 한다.

나는 그때 '쿨'했던 수많은 소녀들의 안부가 궁금하다. 탁현민은 여성을 사이에 두고 남자 친구들 간의 갈등과 화해를 이렇게 표현한다. "그 둘은 곧 화해하고 바로 그녀를 공유하지." 화해는 인격체 사이에서 가능하다. 반면 공유는 인격체가 아니라 비인격적 대상을 향한 말이다. 바로 그 비인격적 대상이 여성이다. 샘물이나 커피처럼 여성을 공유한다. 여성을 도구 삼아 남성 사회의 인정을 갈망한다. (남성과) 화해하고 (여성을) 공유한다는 이 말은 여성 억압의 핵심이다. 여성은 깨달음의 도구, 남성 사회 서열의 자원이다.

문화적 자유주의자들이 추구하는 자유는 여성의 성적 대상화를 '자유롭게' 부추기고, 이에 대한 문제가 생겼을 때 인정하지 않는 '쿨' 함을 남성적인 멋으로 여긴다. 탁현민을 비롯해 나꼼수가 지키고 싶어 하는 '쫄지마 시바' 정신이다. 리버럴? 자유주의의 기본은 다른 사람에게 해를 끼치지 않는 태도다. 여자를 깔고 앉아 정치 개혁을 말하고 금기에 도전한다는 착각은 거두길. 마치 시대를 잘못 만난 고독한 킬리만자로의 표범이라도 된 양.

셋 중 하나

2014년 6월 워싱턴에서 〈1 in 3〉라는 제목으로 세계은행이 기획한 전시가 있었다. 저 숫자를 보면서 무엇을 상상할 수 있을까. 참여작가는 모두 여성이다. 평균적으로 전 세계 여성의 세 명 중 한 명이 일생 동안 적어도 한 번은 물리적 폭력이나 강간의 피해자가 되는 현실을 반영한 제목이다. 셋 중에 한 명. 이 숫자는 잘 변하지 않는다.

나는 아프가니스탄의 사진작가 하니파 알리자다Hanifa Alizada의 작품 〈우리 사이의 거리The Distance Between Us〉가 가장 '좋았다'. 두 여성이 마주보고 있는데 누군가의 손이 한 여성의 입을 막고 있으며, 또 다른 손이 마주보는 다른 여성의 눈을 가리고 있다. 마주 앉았으나 볼 수 없으며, 보고 있으나 말할 수 없는 '우리' 사이의 거리는 물리적 거리와 무관하다. 이들이 동시에 할 수 있는 것은 듣는 일이다. 눈에 보이지 않지만 이들을 지배하는 '목소리'를 상상할 수 있다. 전시 기획의 일환으로 마련된 토론회에서 '날리우드'(나이지리아 영화)의 스타 스텔라 다마수스Stella Damasus는 '침묵과의 싸움'에 대해 가장 열렬히 말했다. 폭력 피해자의 침묵은 물론이고 그 폭력을 감싸주는 주변의 침

하니파 알리자다, 〈우리 사이의 거리〉(2011)

묵과 무관심의 보호막은 거대한 제도로 구성되어 있다.

인간(남성)과 인간(남성) 사이의 폭력은 보편적으로 그냥 폭력이다. 하지만 여성을 향한 '인간'의 폭력은 대부분 가정 폭력, 데이트 폭력이라는 별도의 영역으로 넘어가면서 가정 문제와 연인 문제라는 사적 영역으로 자연스럽게 흘러들어간다. 폭력을 대하는 우리의 인식 체계는 이 사적 영역 앞에서, 정확히는 '여성이 겪는 문제' 앞에서 제대로 작동하지 않는다. 창으로 여자를 위협한다는 어원을 지닌 '위엄 威'처럼, 여성을 짓눌러야 이룰 수 있는 위엄이 남성성을 구성하고 있기에 여성을 향한 남성의 폭력은 남녀 '관계'의 일환으로 여긴다. 그것이 우리가 살고 있는 비대칭적 구조이고 법, 문화, 논리, 심지어 윤리이며 인간의 도리다.

2015년 의학전문대학원에 다니는 한 남성이 여자친구를 감금·폭행했고, 당시 피해 여성이 상황을 녹음해 파일을 공개한 덕분에 외부에 알려졌다. 연인 관계에 있는 여성을 4시간 동안 일방적으로 폭행한 남성을 둘러싼 사회의 시각은 이 구조가 얼마나 조직적이고 체계적인지 알려준다. 이 사회의 '정서'는 폭행 가해자인 남성이 의사가 되지 못할까 봐 안타까워한다. 여성을 폭행한 이에게 벌금형만 내리는 법의 심판은 이러한 집단의 정서를 합리화하는 로고스로 작동한다. 피해자가 법의 바깥에서 목소리를 내어 여론이 시끄러워진 다음에야 가해자를 제적하는 학교를 보면 역시 시끄럽게 굴어야 겨우 듣는 척이라도 한다는 걸 알 수 있다.

가정에서, 귀가 중에, 애인과 이별할 때, 마트에서, 직장에서, 언제 어디서든 일어날 수 있는 폭력에 대한 공포는 여성들 사이에 광범위하게 퍼져 있다. 여성들이 이 일상의 공포에 대해 말하기 시작하자 남성들을 '잠재적 가해자'로 만들지 말라며 불쾌해하는 목소리가 크다. 그렇다면 여성들이 '잠재적 피해자'로 조심하며 사는 습관은 당연한가. 공포의 발생 맥락과 사회가 약자의 공포를 어떻게 정치적으로 활용하며 지배하는지에 대해 무지하면 '모두가 그렇지는 않다'는 쓸모없는 분노만 늘어난다. 여성에게 조심할 것을 강요하는 습관이 바로 공포의 일상적 활용이다.

'셋 중 하나'가 내가 아니라고 보장할 수 없다. "여성은 지금까지 수세기 동안 남성의 모습을 실제 크기의 두 배로 확대 반사하는 유쾌한 마력을 지닌 거울 노릇"[42]을 했다. 이 마력의 거울 노릇은 집어치우고 더 많은 목소리를 내야 한다. 틀을 깨는 과정에서 많은 상처를 받을 수도 있지만, 깨지 않으면 틀은 계속 유지된다.

무시해서, 여성살해femicide

"남자들의 기를 죽인, 남자에게 수치를 준!! 그녀들을 처벌한다."

성인용 웹툰《암캐재판소》의 이 문구를 보고 나는 경악하다 못해 멍해졌다. 마사 너스바움Martha Nussbaum은《혐오와 수치심Hiding from Humanity》에서 수치심과 연관된 감정인 혐오, 죄책감, 우울, 격노 등을 설명하며 어느 환자의 사례를 소개한다.

> B는 완벽해져야 했기 때문에 자신의 공격성이 자신이 '저지른' 잘못된 '행위'였다는 사실을 납득할 수 없었다. 그는 자신의 나르시시즘을 버리지 못했기 때문에 아직 죄책감을 느낄 수 없었고, 자신의 공격성을 전체 자아를 지키기 위한 불가피한 잘못이라고 보았다. 이런 점에서 그가 느낀 수치심 — 죄책감이 아닌 — 은 [자아를] 숨기고, 걸어 잠그는 원초적인 반응이라고 할 수 있다. 그는 자신의 분노에 대처할 줄 몰랐기 때문에 [내적인] 갈등 — 대부분의 아이들이 분노나 질투심을 느끼면서 겪는 — 을 경험하려 하지 않았다.[43]

인정받는 것에 익숙해 툭하면 무시당한다고 생각하는 사람들이 있다. 이들은 완전무결한 자신에게 좌절을 안겨주는 대상을 혐오한다. 내적 갈등을 경험하려 하지 않기에 죄책감이 생기지 않으며, 조금이라도 스스로 '수치심'을 느낀다면 이 감정을 '준' 사람을 마땅히 응징해야 한다고 여긴다. 너스바움이 정리한 "수치심과 나르시시즘적 격노의 관련성"의 예는 2016년 5월 발생한 강남역 살인사건에서 찾을 수 있다.

강남역 살인사건의 가해자는 처음 보는 여자를 살해해놓고 "여자들이 날 무시해서 그랬다"고 범행동기를 밝혔다. 보수 언론일수록 강남역 살인사건을 '정신질환자의 일탈'로 다루며 보도했다. 《조선일보》와 《동아일보》는 이 사건을 잘 다루지 않았고, 《중앙일보》는 그나마 이 사건으로 터져 나온 여성들의 목소리를 분석했다. 《세계일보》와 《국민일보》는 이 사건을 기점으로 여성들의 연대가 강화될 것이라고 보았다. 《한겨레》, 《경향신문》, 《한국일보》는 비교적 여성혐오에 초점을 맞춰 상황을 분석했다. 그러나 많은 언론이 "여자들이 나를 무시해서 ……"라는 제목을 달았다. 마치 여자들에게 교훈을 주려는 듯했다.

남성을 '무시'한 여성에 대한 사회적 처벌은 공감대가 형성되어 있으며, 때로 이 무시당한 남성의 비애와 무시한 여성의 비참한 최후는 비극의 소재가 된다. 비제Georges Bizet의 오페라 〈카르멘Carmen〉은 한 청년이 카르멘을 만나면서 벌어지는 비극을 다룬다. 카르멘은 담배공장에서 일하다 우연히 돈 호세를 만난다. 그 후 카르멘은 공장에서 일어난 폭력 사건으로 체포된다. 이때 카르멘을 연행한 사람이 돈 호세다. 돈 호세는 카르멘의 자유분방함에 반한다. 카르멘은 공장에서 쫓겨나고, 점차 돈 호세보다는 에스카미요라는 투우사를 좋아한다. 돈 호세는 이러한 카르멘에게 질투와 분노를 느낀다. 돈 호세는 여자친구가 있다. 그런데도 카르멘이 자신이 아닌 다른 남자를 좋아하자 이에 분노해 카르멘을 칼로 찔러 죽인다.

또 다른 작품 〈보이첵Woyzeck〉을 보자. 가난한 군인인 보이첵은 매일 2그로셴을 받기 위해 세 달 동안 완두콩만 먹었고, 이로 인해 이상 증세를 보인다. 그의 연인인 마리는 군악대장과 바람을 피우고, 이를 목격한 보이첵은 참지 못해 마리를 살해한다. 그는 유대인의 무기점에서 2그로셴에 산 칼로 그녀를 찔러 죽인다. 이 작품은 보이첵이 찌른 칼에 죽은 마리의 비극이 아니라, 여자를 죽였다가 사형당한 보이첵의 비극에 초점이 맞춰져 있다. 보이첵이 이런 범죄를 저지른 것은 개인적 사정이 아니라 사회구조적 문제 때문이라고 강조한다. 하층계급 남성을 착취하는 대위, 군악대장, 의사 등이 바로 이 억압의 구조를 상징한다. 극 중 이들은 이름 없이 그 사회적 위치로만 명시되어 있다. 반면 마리는 계층의 상징성이 없다. 보이첵의 애인이며 보이첵보다 계급이 높은 군인과 바람을 피운 여성이다. 또한 다른 계층의 남성들 간 질투와 복수의 매개다. 마리는 '가난한 남성'을 무시한 '죄'로 죽는다.

이 작품은 실제 일어난 사건을 기반으로 한다. 보이첵은 실제로 공개 사형을 당했다. 당시 일부 학자들은 보이첵의 정신이상을 강조했는데,《보이첵》은《당통의 죽음Dantons Tod》의 작가 게오르크 뷔히너Georg Buchner가 이 점을 바탕으로 쓴 희곡이다.《카르멘》과 더불어 꾸준히 공연되는 명작으로 독일 희곡의 대표작이다. 영화로도 각색되었는데, 1979년 클라우스 킨스키Klaus Kinski를 주연으로 헤어조크 Werner Herzog 감독이 영화로 만들었고, 오페라도 있으며, 후대 독일 문화예술에 지대한 영향을 미쳤다. 오늘날 뷔히너 문학상은 바로 게오르크 뷔히너를 기리는 상이다.

이 작품들은 물론 강렬한 이야기 전개와 (어디까지나 남성 인물에 한정해서) 충실한 심리 묘사로 충분히 매력적인 고전이다. 그러나 그들에게 무참히 죽는 이 여성 인물을 외면한 채 과연 오늘날에도 비판 없이 수용할 수 있을까. 이러한 방식의 창작은 여전히 반복되는 현재진행형이며, 창작의 영역뿐 아니라 실제 인간 사회에서도 여성들은 너무나 말도 안 되는 이유로 남자에게 죽는다. 가축을 도살하듯이 여성을 살해한다. 이 당연한 말을 또 한다는 사실에 한숨이 나오지만, 여성도 인격이 있는 인간이다.

소설가 김훈은《남한산성》100쇄 기념 기자간담회에서 "여자를 생명체로 묘사하는 것을 할 수는 있지만 역할과 기능을 가진 인격체로 묘사하는 데 서투르다"고 말했다. 충격적이지 않을 수 없다. 여성은 인격이 있는 존재라는 인식이 없는 사회에서 남성은 창작의 영역에서나 현실에서나 아무 여자나 그냥 죽인다. 인격이 없는 존재이기에 관계를 끝낼 권리가 여성에게는 없다. '안전이별'이라는 말이 있을 만큼, 연인 사이였던 관계가 끝을 보려고 할 때 폭력이 발생하는 일이 잦다. 절대다수가 남성에 의해 벌어지는 폭력이다. 관계를 끝낼 권리는 관계를 맺은 당사자 모두에게 있다. 그런데 여성은 이 관계를 끝낼 권리를 인정받지 못한다. 식민지처럼 지배받고 있기 때문이다. 오직 지배자의 신사적 퇴각만이 '안전'하다. 선택의 자유 없이 주체적인 인간으로 존재할 수는 없다. 선택권 박탈은 구속의 기본 조건이다.

남자들은 여자가 필요하다. 여자의 노동력과 여자를 통한 쾌락은 남성 중심 사회의 중요한 삶의 동력이다. 여성이 필요하지만 존중해주면 지배자가 될까 봐 두렵기 때문에 최선을 다해 무시한다. 남성은 여성을 '지배'하기 위해서는 적극적이지만 여성과 '관계'를 맺기 위해서는 수동적이다. 여성에게 폭력을 행사할 때는 '욱해서, 홧김에'라고 하지만 여성과의 관계를 위한 감정노동에 대해서는 '표현을 못한다'는 말로 넘어간다. '표현을 못한다'는 그 '표현'은 언제나 전적으로 고마움, 애정, 부탁, 미안함, 부끄러움 등이다. 이러한 감정표현은 여성화되어 있다.

처벌받는 피해자

잠재적 성폭력범으로 취급받길 원하는 남성은 없을 텐데, 어째서 여성은 잠재적 성폭력 피해자가 될까. 여성은 끊임없이 성폭력을 피해가는 훈련을 받지만, 이것이 겉으로는 다른 명목을 띠고 있어 여성 스스로도 잘 인식하지 못하는 경우가 많다. 예를 들어 시간과 공간, 태도 등을 제약받는 것은 여성의 당연한 성역할로 여겨진다. 이러한 약속을 지키지 않으면 '당할 만한 짓'을 스스로 한 사람, 즉 원인제공자가 된다.

성폭력 사건이나 여성이 살해당한 사건에서 흔히 피해 여성은 사건 전에 어떤 빌미를 제공했는지를, 가해 남성은 '범죄를 저지르지 않았다면 어떤 일을 할 사람'인지가 언급된다. 외신에서도 별 다를 바 없이 피해자의 음주를 지적하고, 가해자의 학업과 경력에 차질이 생겼다고 강조한다. 미국에서 미식축구 선수로 촉망받는 한 대학생이 성폭행을 저지르자 이를 다루는 기사에서 나왔던 표현은 다음과 같다.

"피해자는 취해 있었다victim was drunk", "미식축구 유망주promising football careers", "전도유망한 학생promising students".

언론은 피해자의 관점보다는 가해자의 입장에서 범죄를 서술하고, 일러스트 속에는 무력한 피해자의 모습이 자극적으로 그려진다. 《한국언론정보학보》에 게재된 〈한국 신문에 나타난 강간보도의 통시적 분석〉에 따르면, 주요 신문사 네 곳의 강간 보도가 주로 가해자의 입장에서 서술되었음을 알 수 있다. 1990~2007년의 기사들을 분석한 결과 "가해자의 입장(39.5%)에서 서술된 기사의 비율이 모두 높게 나타난 반면, 피해자의 관점에서 서술된 기사는 전체의 18.6%에 불과"하다고 한다.[44]

개성 있고 흥미로운 작품을 많이 남긴 이만희 감독이 1964년에 만든 영화 〈검은 머리〉는 영화의 미학적 성취와 별개로 성폭력에 대한 당대의 관념을 잘 드러낸다. 폭력 조직에서 '보스의 여자'인 문숙은 어느 날 강간을 당한다. 강간 피해자이지만 '다른 남자와 간통을 한' 것이나 다름없이 여겨지고, 조직의 원칙에 따라 문숙은 '처벌'을 받는다. 보스는 문숙의 얼굴에 커다란 상처를 남기도록 지시한다. 이후 문숙은 앞머리를 늘어뜨려 얼굴에 남은 흉측한 상처를 가리고 산다. 또한 강제적으로 강간 가해자와 함께 살게 된다. 이는 여성 주인공의 불행한 신세로 그려지지만, 이러한 '문화'가 여성에게 폭력적이고 착취적임을 비판하는 시각은 물론 담겨 있지 않다. 여성주의 관점으로 작품 앞에 설 때 필연적으로 찾아오는 분열은 바로 작품의 미적 매력과 별개로, 여성이 처한 부당한 위치를 모르는 척 지나갈 수 없다는 점이다.

'정절을 지킨다'는 명목으로 성폭행 피해 여성의 자살은 사회적

렘브란트, 〈루크레티아의 자살〉(1664)

고대 로마의 귀족 루크레티아는 강간 피해를 입은 뒤 남편과 아버지에게 복수를 부탁하며 자결한다.

으로 권장되었다. 이들의 자살은 사회적으로 부추겨진 타살이다. 여성이 명예를 지키기 위해 자살한다지만, 실은 여성의 명예가 아니라 남성이나 집안을 위해 타살당한다. 이는 단지 사적 관계를 지배하는 수단에 그치지 않고 국가를 통치하는 수단으로 자리 잡는다. 은장도로 제 몸을 찔러 죽은 그 수많은 여자들의 목소리는 없다. 그들은 죽었고, 말할 수 없으며, 남은 남성들이 죽은 여성의 정절을 숭배한다. '열녀'는 여성 학대의 산물이다.

　루크레티아Lucretia는 고대 로마시대의 대표적 '열녀'에 해당한다. 고대 로마의 마지막 왕의 아들 섹스투스가 그를 강간했고, 귀족 신분인 루크레티아는 당시 '정숙한' 여성들이 행하는 가장 윤리적인 선택을 한다. 바로 자살이다. 남편과 가문, 피해자의 명예를 지킨다는 명목 아래 강간 피해자의 자살은 하나의 도덕규범이었다. 애초에 이 강간은 남편인 콜라티누스와 강간범이자 왕의 아들인 섹스투스 사이의 내기에서 시작되었다. 당시 로마는 결혼한 여성들도 애인이 있는 경우가 많았으나, 루크레티아는 남편이 자랑스러워 할 정도로 '정숙'했다. 섹스투스는 이러한 루크레티아를 남편이 없는 틈을 타 협박과 무력을 이용해 성폭행했다. 루크레티아는 피해를 입은 뒤 남편과 아버지에게 이 사실을 말하고 복수를 부탁하며 자결한다. 남편의 친구인 브루투스는 앞장서 왕가를 몰아내고 공화제를 실시한다. 브루투스는 새로운 로마의 지도자가 되었다. 그래서 루크레티아 강간 사건은 부패한 로마 왕정을 몰아내고 새로운 공화정을 세운 하나의 계기로 여겨진다. 고대 로마에서 일어난 이 사건은 세익스피어William Shakespeare

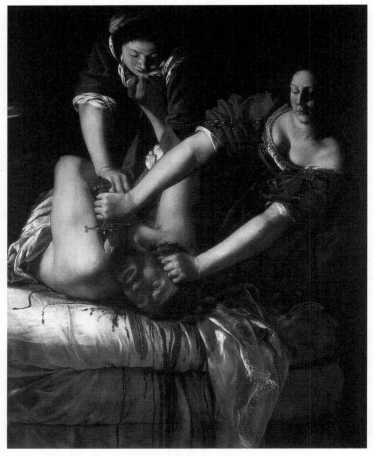

아르테미시아 젠틸레스키, 〈홀로페르네스의 목을 자르는 유디트〉(1621)
자신의 성폭행 피해를 고소하고 긴 재판 끝에 승리를 얻어낸 화가 젠틸레스키는 피해자로 남지 않는 여성의 강렬한 모습을 그렸다.

의 서사시 〈루크레티아의 강간The Rape of Lucrece〉뿐 아니라 여러 미술 작품의 소재가 되었다. 크라나흐Lucas Cranach, 티치아노Tiziano Vecellio, 산드로 보티첼리Sandro Botticelli, 렘브란트Rembrandt, 뒤러Albrecht Dürer 등이 루크레티아를 그림으로 남겼다.

반면 화가 아르테미시아 젠틸레스키Artemisia Gentileschi는 당시 드물게 성폭행 사건을 고소한 여성이다. 아버지는 그를 가해자와 결혼시켜 명예를 회복하려 했다. 길고 고통스러운 재판을 견디며 그는 결국 이겼고, 가해자와 결혼하지 않아도 되었다. 그는 성폭행 피해자로 남지 않고 자신의 이야기를 남겼다. 17세기에 활동한 젠틸레스키는 오늘날에 와서 더 활발하게 재발견된 작가다. 화가로서 자화상을 남기고, 〈홀로페르네스의 목을 자르는 유디트Judith Beheading Holofernes〉처럼 남성에게 피해자로 남지 않는 여성의 강렬한 모습을 그렸다.

SNS에서 시작된 '미투' 운동의 의미는 여성들에게 '수치심 없이 말해도 된다'는 용기를 준 데 있다. 말해도 되는 문제, 나만 겪는 문제가 아니라는 인식이 확장되면서 비로소 개인에게 고립된 문제는 사회적 문제가 된다. '성적 수치심'이라는 말을 성폭력 피해자에게 덮어씌우는 방식은 바뀌어야 한다. 성폭력은 피해자에게 수치심을 전가하는 잘못된 '문화' 때문에 일단 공적 영역에서 잘 드러나지 않으며, 어쩌다 신고가 되어도 사법적인 관대함 속에서 죗값을 제대로 치르지 않고 있다.

4장

같은 공간, 다른 자리

아내의 역사

　결혼'식'을 비롯해 많은 의식이 전통이라는 이름으로 여성을 배제한다. 나는 비교적 간략히 당사자 중심으로 예식을 치렀다. 혼주 입장 없음, 동시입장, 결혼행진곡은 인터내셔널가로, 폐백 없음. 사소하지만 중요한 약속이었다. 성역할에 의지하지 말 것, 각자의 원 가족에 서로를 무리하게 편입시키지 말 것, '만국의 노동자'에서 여성 노동자를 망각하지 말 것. 아이는 없이 살기로 했다. '자녀 없는 기혼 여성'이 늘어나 문제가 심각하다는데 내가 바로 그 '자녀 없는 기혼 여성'이고, 나는 자웅동체가 아니어서 이 기혼 여성 옆에는 자녀 없는 기혼 남성도 있다.

　2017년 2월 한국보건사회연구원에서 발표한 보고서가 사회적으로 파장을 일으킨 적 있다. 이 보고서는 고학력-고스펙 여성들이 늘어나면서 결혼을 미루는 현상이 저출산의 원인이라 지목한다. 출산율을 올리려면 혼인율을 올려야 한다는 생각에 기반을 두고, '고스펙' 여성이 독신으로 사는 기간을 줄여야 한다는 관점에서 저출산 문제를 해결하려 한다. 나아가 이 '고스펙' 여성의 '하향 결혼'을 유도하기 위한 문화 콘텐츠 개발이 음모 수준으로 은밀하게 진행될 필요가 있다는 내용을 담았다.

아내를 '공급'하려고 '음모론적 유포'를 기획하는 이들은 《아내 가뭄》이라는 책을 집어 드는 사람들의 마음을 알까. 현실에서 결혼은 대부분 남성이 속한 집안에서 다른 집안의 여성 노동자를 흡수하는 제도다. 남성 기준의 '대'를 잇기 위해서는 여성의 몸('밭'으로 부르는)과 노동력이 반드시 필요하다. 여성에게 지속적으로 요구하는 재생산은 두 가지다. 출산과 밥. 사람을 낳고 돌보며 산자와 죽은 자의 밥을 먹이는 일이 여성의 임무다. 예쁘고 조용하게 밥하고 애 낳을 것, 이것이 여성에게 바라는 본분이다. 과거에 노예'시장'에서도 여성 노예는 이 '생산성' 때문에 더 선호되었다.

김훈의 인터뷰를 읽다가 절로 눈이 미끄러져 멈춘 구절이 있다. "이번 소설에서 말할 수 있는 희망이란 아주 사소한 희망이다. 갓난애가 태어나는 것, 특히 여자아이가 태어나는 것이다. 아이가 태어나는 일은 순수한 생명의 원형이 드러나는 일이다. 여성의 생명은 다시 그걸 가능하게 하니 놀랍고 신기하기만 하다."[45] 여성의 이러한 생산성을 인류의 '희망'으로 본다면, 여자아이는 이 희망의 주체인 당사자가 아니라 일종의 '희망 셔틀'이 된다.

아내란 누구일까. 아니 '누구'이기는 한가. 그 정체는 오히려 '무엇'에 가깝다. 고대에 아내는 남편의 재산이었다, 라고 과거형으로 쓰고 싶지만, 내 눈앞에서 펼쳐지는 놀라운 현실을 보면 여전히 아내는 현재진행형으로 남편의 재산이다. "사고 나면 부인 옆에 다른 남자가 잔다", "아내가 비리가 있다면 총으로 쏴 죽였을 것이다"와 같은 문장들을 2017년에 발견하게 될 줄이야. 전혀 다른 상황에서 다른 목적으로 여성 배우자를 언급했지만 기본적인 의식의 밑바닥은 동일하다. '너의 아내'를 빌미로 상대를 다스리려 하며, '나의 아내'를 소유물로 생각한다는 점이다. 전자는 한 건설 현장에서 안전에 대한 경각심을 주기 위해 세워놓은 입간판에 쓰인 표어다. 후자는 문재인 캠프에서 영입하려 했던 전인범 전 특전사령관이 자신의 아내 심화진 성신여대 총장의 비리에 대해 뱉은 말이다. 한국 남성들은 가족관계에 있어서는 아직도 계백의 시대에 머물러 있다.

좌우를 막론하고 사회의 정책을 주도하는 '고소득, 고학력' 남성들의 가부장적 의식 수준은 심각하다. 현실 정치는 21세기, 가정에서는 19세기, 표현의 자유는 '나만' 미국 기준으로, 밥상은 한국의 전통(?)에 따라, 여성의 몸은 나를 위한 재생산 도구. 시간과 공간을 자유롭게 굴절시켜 자기 편한 대로 재조립하는 남성들의 좌우합작이다. 이런 의식을 가진 이들이 배웠다는 이유로 요직에 두루두루 있다. 한심한 정책이 이어질 수밖에 없다.

저출생의 원인과 해법 모두 틀렸다. 한국보건사회연구원의 〈기혼 여성의 가족 가치관 변화와 정책적 시사점〉에 따르면 부모의 학력에 따른 자녀 수 격차는 점점 줄어들고, 2015년 이후로는 아예 역전되는 현상이 일어났다. 학력이 어떻든 아이를 낳고 기르는 일이 여성들에게 점점 부담이 되어간다는 뜻이다. 왜 한국은 태어나는 사람이 줄어드는가에 대한 근본적인 질문 없이 저출생의 결과만 말한다. 원인제공자를 찾느라 혈안이 되어 고학력, 고소득 여성에게 과녁을 맞추고 있다. 세 아이의 엄마이기도 했던 한 사무관이 복직하자마자 과로사한 사례를 보고도 아무것도 깨닫지 못한 사회에서 출산 거부는 합리적인 동시에 생존을 위한 동물적인 선택이다.

　게다가 관념과 다르게 현실에서는 고학력-저소득 여성이 많다는 사실을 알려주고 싶다. 무엇보다 짚고 넘어가야 할 진실. 고학력에 고소득인 남성은 어떻게 그 학력과 소득을 얻을 수 있었는가. 자, 이에 대해 솔직히 생각해보자.

그 남자는 어디에

　생명은 중요해, 폭력은 나빠, 용서와 화해, 평화 ……. 이런 두루 뭉술한 도덕의 언어는 때로 삶을 철저하게 외면하는 폭력의 언어로 작용한다. 낙태/임신중단에 대한 담론은 늘 어느 한쪽이 만들어놓은 '도덕'의 늪에 빠져 허우적거리게 된다. 도덕의 기준을 만드는 사람과 도덕의 적용을 받는 사람이 일치하지 않는다. '내 몸에서 일어나지 않는 일'에 대해 유난히 도덕군자가 된다. 벌레들에게 미안할 정도로 온갖 억울한 벌레들이 늘어나는 가운데 '낙태충'과 '맘충'도 있다. 임신을 중단해도 벌레고, 아이를 낳아 길러도 벌레다. 여성이 벌레가 되는 동안 '그 남자들'은 어디에 있는 걸까.

　여성에게 성관계가 임신, 출산, 육아까지 고민을 이어지게 만든다면 남성들에게 성관계는 욕구의 주제를 맴돈다. 정작 '비도덕'은 여기에 있다. 흔히 성폭력도 '남성의 성욕'의 문제로 접근한다. 성폭력을 공유하던 사이트인 '소라넷' 폐쇄를 두고 소라넷 지지자들은 음란물을 볼 자유를 주장했다. 여성이 범죄의 피해자가 되어도 남성의 욕망을 걱정하느라 여성의 생명은 뒷전이다.

생명? 아시아계 미국인은 백인보다 낙태율이 두 배 높다. 이민을 와서 살더라도 남아선호악습이 유지되고 있기 때문이다. 생명이 소중하다지만 생명은 성별에 따라 선택된다. 과거에 여아 낙태는 현재의 여아와 '미래의 어머니'를 죽여 인구를 감소시키는 '정책'이었다. '사람'을 낳아야 한다면, 아들이어야 했다. 1990년대 중반의 출생 성비는 여아 100명당 남아 115명으로 심한 불균형을 이루었다. 그러나 '사라진 여아'에 대한 죄책감이 아니라 짝이 없는 요즘 남성을 걱정한다. '살림 밑천'으로 태어났든, 운이 좋아 태어났든, 여아가 없어져야 할 생명으로 장려되던 1980~1990년대에 태어난 여성들을 이제는 '가임기 여성'이라 한다. 그들은 지금 정신을 똑바로 차리고 어머니 되기 여부를 선택하는 중이다.

출생율 저하가 정말 문제일까. 여성은 '사람'이 되지 못한 채 생명을 품거나 남성의 욕망을 담는 '그릇'으로 취급받는 사회에서? 게다가 노동력이 부족하기는커녕 인공지능으로 노동자를 대체하는 세상을 꿈꾸면서 왜 출산을 종용할까. 출산율 저하는 '누구에게' 문제인가. 인간을 국가 규모를 늘리는 자원으로 보는 국가와 정부의 입장에서 '문제'이다.

지하철역에서 본 공익광고. "어린이는 나라의 미래입니다. 임산부를 배려합시다." 이 이상한 문장을 풀어보자면, 임산부는 나라의 미래를 모시고 다니는 존재니까 배려를 받아야 한다는 뜻이다. 나라와 미래 사이에서 정작 임신한 여성을 배려하는 태도는 저 문장 어디에서도 찾아볼 수가 없다. 나라가 인식하는 '생명'의 실체다. 그래서 임산부가 당연한 권리를 요구하면 '임신했다고 유세 떠는' 태도로 받아들인다. '가임기 여성'이라는 말처럼 여성은 현재 임신할 수 있는 여성, 앞으로 '가임기 여성'이 될 여성, 이제 임신할 수 없어 여성이 아닌 여성으로 나뉜다. 여성을 사람 취급하지 않기 때문에 여아'를' 낙태할 수는 있지만, 여성'이' 낙태하면 비도덕이 된다.

2016년 '공익광고협의회'에서 임산부 배려에 대한 광고 영상을 만들었다. 임산부를 네댓 살 여자아이로 만들어 사람들의 배려를 받는 모습으로 그렸다. 배려를 받을 때마다 매번 "감사합니다", "괜찮은데" 등으로 반응한다. 얼핏 보기에는 딱히 문제점을 찾을 수 없지만 편치 않은 마음이 남는다. 왜일까. "오늘도 당신의 배려를 보여주세요"로 마무리되는 이 광고는 '배려하는' 사람의 도덕성을 강조한다. 임산부의 권리가 아니라 배려하는 비임산부의 도덕성이 이 광고를 지배하고 있다.

태아를 함께 만든 남성은 '비도덕'의 화살을 피해간다. 의사와 여성 사이 '불법적 거래'만 남는다. 이 거래에서조차 여성은 의사의 위험수당을 감당하느라 더 많은 돈을 지불한다. 피임, 육아, 낙태가 '여성 문제'가 되는 그 자체가 사회의 비도덕성을 보여준다. 그 남자는 어디에 있나.

이렇게 무책임하게 사라지는 남성들을 비판하기 위해 '싸튀충'이라는 말까지 만들어졌다. 여성들의 부르기 전략이다. 낙태하는 여성을 낙인찍는 '낙태충'이나, 홀로 출산과 육아를 책임지지만 여전히 사회적 낙인의 대상인 '미혼모'라는 언어처럼 모든 책임이 여성에게만 지워진다. 여성만 부르는 사회에서 '싸고 튀는' 남성들을 불러 세우는 언어가 필요하다.

보이지 않는 손

지난 미국 대선에서 트럼프 캠페인의 육아 정책 홍보 동영상에는 "엄마이며, 아내이며, 사업가"라고 자신을 소개하는 이방카 트럼프 Ivanka Trump가 목소리를 낸다. 그는 "엄마는 여자가 할 수 있는 가장 중요한 직업"이라고 한다. 그도 물론 아내이며, 무려 아이를 셋이나 낳은 엄마이긴 하다. 여전히 직업 모델처럼 아름다운 몸매를 뽐내고 있으며 부유한 아버지를 둔 사업가로 오래전부터 대중적으로 주목받아온 매력 있는 여성이다. 미국의 실제 '퍼스트레이디'는 이방카라고 많은 사람들이 말할 정도다.

'아내와 엄마'라는 이름으로 공통분모를 만들 수 있는 여성의 삶은 분명히 있다. 잘사는 여자나 못사는 여자나 '여자라는 이름으로' 수행하기를 강요받는 지점은 있기 때문이다. 이를 흔히 '여성스러움' 이라고 말할 뿐이다. 그래서 이 문제는 아주 중요하다. 단지 성별로 인해 삶의 역할이 기본적으로 정해져 있다는 사실은 마치 자연현상처럼 우리 의식을 구성한다. 이는 마땅히 의문을 가져야 할 사안이지만, 이 전통적 성역할에 의문을 품기보다 '여성의 당연한 직업'을 더욱 굳건히 만들려고 한다면?

이방카 트럼프는 이 모든 역할을 '완벽해 보이도록' 수행할 수 있다. 그는 처음부터 가지고 태어난 자본을 바탕으로 여성의 전통적 역할에 대한 사회의 기대를 (외주화를 통해) 저버리지 않으면서도 개인적으로 성공한다. 이러한 사람이 "엄마는 여자가 할 수 있는 가장 중요한 직업"이라는 발언을 공적 영역에서 할 때, 이는 여성의 이중노동을 고착화하는 것은 물론, 여성이 '있어야 할 곳'을 집 안으로, 그리고 여성의 인간관계를 가족관계 안으로 좁혀버린다. 그렇게 '사회'는 남성화된다. 또는 이방카처럼 모든 것을 누릴 수 있는 극소수의 여성만이 안전하게 사회에 '진출'하며, 그들이 목소리를 내고 세상의 정책을 만든다.

이방카와 비슷한 또래로 역시 세 아이를 낳은 '엄마이자, 아내이며, 공무원'이었던 한국의 한 여성이 과로로 사망한 사건이 있었다. 육아휴직 후 복귀한 지 고작 일주일 만에 생긴 일이다. 이런 사건이 발생하면 여성을 위한 정책이라며 '일-가정' 양립에 대한 이런저런 고민의 목소리가 들린다. 하지만 자녀 양육과 가정 내 노동이 여성의 성역할로 여겨지고 이를 '여성 문제'라고 부르는 한, 여성은 이중노동의 굴레에서 벗어날 수 없다. 오늘날 여성이 짊어지고 있는 문제는 노동과 가족에 대한 뿌리 깊은 이데올로기를 바탕으로 한다. 열심히 일하는 근면 성실한 삶을 지향하는 노동윤리와 비둘기처럼 다정한 가족을 만드는 삶을 추구하는 가족윤리의 '양립'이 무슨 여성을 '위한' 정책이 되겠는가. 게다가 이미 집 안에서 '일하는 여성'들은 집 밖으로 나가야만 '진짜 일하는 여성'으로 취급받는다. 집 안에서의 노동은 '노동자'의 일로 정체성이 부여되지 않으며, 제도적으로 어떤 보호도 받지 못한다. 가사노동을 하거나 애를 키우다가 병이 생겨도 산재는 아니다.

노동자들이 전반적으로 과잉노동에 시달리는 문제와 더불어, '여성' 노동자에게는 또 다른 문제가 있다. 노동과 가정이라는 영역이 성별화되어 여성 노동자가 과로로 사망한 사건을 두고 기껏해야 '집에서 더 가족을 잘 돌볼 수 있는' 시간을 보장하는 정책을 구상한다. 집밖에서 과로하지 않도록 집 안에서 과로하라? 접근 방식이 완전히 틀렸다. "아이를 키우는 엄마의 근무시간을 임금 감소 없이 오전 10시부터 오후 4시까지로 단축해주는 등의 방안"[46]을 검토하면 여성 고용률은 더 낮아질 수 있다. "이래서 애 엄마들이랑 일하기 싫다"는 말이 나올 것이다.

스웨덴 출신의 언론인 카트리네 마르살Katrine Marcal은 《잠깐 애덤 스미스 씨, 저녁은 누가 차려줬어요?Who Cooked Adam Smith's Dinner?》에서 기존의 경제 개념에 질문을 던진다. 애덤 스미스Adam Smith는 《국부론The Wealth of Nations》에서 저녁 식사가 '어떻게' 만들어지는지 설명하는데, "도축업자, 양조업자, 또는 제빵사의 선의"가 아니라 그들이 자신의 '이익'을 추구하기 때문이라고 했다. 그러나 여기서 간과한 것은 바로 그 저녁 식사를 '누가' 만드냐는 점이다. 마르살의 책은 이 점을 기반으로 '경제활동'이라는 개념이 얼마나 성차별적인지 지적한다. 독신이었던 애덤 스미스도 평생 그의 어머니가 차려준 밥을 먹었다. 여성의 '선의에 의지해 살기를 선택'하는 '가부장'의 주체는 정작 여성의 경제활동을 보지 못한다.

정말 '보이지 않는 손'은 지금 이 시간에도 열심히 도마 위에서 당근을 썰고 빨래를 널며 아이에게 밥을 먹이고 있을 것이다. 이 모든 노동은 보이지 않으며, 눈에 보이는 직업이 별도로 있을 때 여성은 고난이도의 요술을 부리며 고군분투해야 한다. 오죽하면 딸의 엄마는 싱크대 밑에서 죽는다는 말이 있을 정도다. 바쁜 딸들을 위한 가사와 육아의 연대 책임을 딸의 엄마들까지 짊어지고 있기 때문이다. 이 사회에서 할머니들의 노동이 멈추면 여성이 담당하고 있는 많은 '선의'의 노동은 중지될 것이다.

가부장제가 견고히 유지되는 상황에서 여성의 '경제활동'이란 필연적으로 과로를 유발한다. 일요일 오후에 아이와 놀아주기 위해 주말에도 새벽 출근을 하던 30대 여성은 이 노동과 가족의 이데올로기 속에서 짓눌리고 있는 오늘날의 수많은 여성들 중 한 명이다. 국제노동기구ILO가 펴낸 《일터에서의 여성Women at work》 2016년 자료집을 보면, '일-가정' 양립 정책과 여성 고용을 위한 정부 지출 항목에서 한국은 OECD 34개국 중 뒤에서 세 번째를 차지한다(그 뒤에 미국과 터키가 있다). 정책은 부재하고 여성은 역할을 강요받는다. 가사든 육아든, 성별에 따라 역할을 맡기지 말자. 이는 올바른 정책을 위한 첫 번째 관문이다. 여성이 결혼만 하면 가정 내에서 19세기로 되돌아가는 타임머신에 오르지 않도록 하기 위한 가장 기본적인 사회적 인식이다.

밥과 외교

　드라마 〈응답하라 1994〉가 방영될 때 그 인기 덕분에 '하숙의 추억'을 떠올리는 기사들이 곳곳에 나온 적 있다. 대부분 '서울에 있는 대학에 입학한 지방 출신 하숙생'의 시각에 한정되어 있다. 서울에서 지방으로, 지방에서 다른 지방으로 이동한 하숙생이나 하숙을 치는 사람의 '추억'은 공유하지 않는다. 서울 중심(그것도 특정 동네에 한정한), 공부 좀 했던 사람의 시각에서 형성된 추억을 나눈다. 그렇게 하숙에 대한 서사는 편향적으로 전수된다. 또한 하숙집에서 밥 먹던 대학생이 아니라 '밥하는 아줌마'의 이야기에는 별로 관심이 없다. 그저 '정 많은 서울 엄마' 정도로 그린다.

　"밥하는 동네 아줌마를 왜 정규직화하느냐"던 국민의당 이언주 의원이 속마음을 들켰을 뿐, 아줌마 멸시는 많은 이들에게 체화되어 있다. '집에 가서 밥이나 해', '애나 봐', '밥하다 나온 아줌마 같아', '동네 아줌마처럼' 등등. 밥하고 애 보는 아줌마에 대한 멸시는 온 세대와 지역을 막론하고 통일된 담론을 이룬다. 살아 있는 한 멈출 수 없는 노동이지만, 밥하는 일은 아예 노동으로 분류되지도 않는다. 그냥 무시, 멸시다.

음식을 만드는 일이 그 자체로 무시를 받는가 하면 꼭 그렇진 않다. 요리 대결을 하는 방송 프로그램 JTBC 〈냉장고를 부탁해〉에는 방영을 시작한 지 거의 2년이 지나서야 여성 셰프가 처음 출연했다. '요섹남'이라는 말이 있을 정도로, 남자가 요리를 하면 성적 매력까지 발산한단다. 미디어 세계에서 맛은 남성들이 장악하는 반면, 여성들은 집 안의 부엌에서 부불노동을 하거나 식당 또는 급식소에서 저임금으로 일하는 '밥하는 아줌마' 위치에 있다. 집 안의 냉장고는 여자에게 부탁한 채("여자라서 행복해요"라는 카피를 내세웠던 냉장고 광고를 기억해보자), 대중문화 속 냉장고는 남성 셰프에게 맡겨둔다.

미국에서 19세기 중반까지 교사는 주로 남성의 직종이었다. 교육에 큰돈을 지불하지 않으려는 정서가 팽배해 교사의 임금이 낮았다. 그 결과, 자질이 부족한 사람이 교사로 들어오면서 능력 또는 도덕성 면에 문제가 많았다. 교사의 저임금을 유지하면서도 도덕성과 능력을 높이는 과제는 여성 교사에게 진입로를 열어주면서 해결되었다. 여성에게는 남성 임금의 3분의 1만 주어도 되었기 때문이다. 이 사례는 무엇을 뜻하는가. 저임금노동에 여성이 진출하기도 하지만 여성이 하는 일이라 저임금이 되기도 한다. 남성 셰프와 밥하는 아줌마 사이의 거리가 단지 요리에 대한 지식이나 실력의 차이 때문은 아니다. 여성 노동자에게 '밥하는 아줌마'라고 부르는 태도는 '네가 있어야 할 자리를 알려주겠다', '주제파악을 해라'라는 뜻이다.

여성과 남성의 성별을 흔히 안과 밖으로 나눈다. 안사람과 바깥

사람. 이는 분업이 아니라 바깥에서 안을 통제하는 방식이다. 영부인 김정숙 씨를 '칭찬'하기 위해 쓰이는 '내조 외교'라는 희한한 말을 보면 여성의 '안사람화'에 얼마나 집착하는지 알 수 있다. 이렇듯 남성에 의한 바깥 통치에 익숙하기 때문에 '밥하는 아줌마'를 비하하는 사람은 "외교는 국방을 잘 아는 남자가 해야 한다"는 말도 하기 마련이다.

　　외교 전문가가 아니어도 사람 사이에 밥 먹는 일은 외교의 연장일 때가 많다. 밥이야말로 강력한 외교 수단 중 하나다. "남편을 위해 요리하는 일과 한식 세계화 홍보는 외국에 나가 많은 일을 하는 대통령을 돕기 위한 노력의 일환"으로 접근했던 과거 어떤 영부인의 '한식 세계화'를 말하는 게 아니다. 36년간 외교관 생활을 한 전직 외교관은 자신의 책에 아예 "하루 세끼 식사는 중요한 로비 수단"이라는 장을 둘 정도로 식사의 중요성을 강조했다.[47] 한 가지 궁금증은 해소되지 않았다. 집으로 종종 손님을 초대했다던데, 그 음식은 누가 만들었을까?

정상국가의 여자들

2018년 4월 27일 판문점에서 남북 정상이 만난 이후 한반도 정세가 급변하고 있다. 여행과 음식처럼 일상을 파고드는 담론도 활발하다. 기분 좋은 떠들썩함이다. 많은 사람들이 북한이 정상국가로 향한다고 한다. 정상국가의 개념, 즉 정상국가는 결국 어떤 권력의 인정이 필요한가라는 근본적인 질문은 잠시 삼킨다. 현실적으로는 국제사회에서 정상적인 외교와 무역을 할 수 있을 때 이를 정상국가로 본다. 국제 외교에서 고립되고 무역제재를 받는 북한의 입장에서 정상국가화는 바람직한 변화이며, 남한의 입장에서도 물론 반가운 변화다.

김정일은 '국방위원장'이었으나 현재 김정은은 '국무위원장'이다. 선군정치에서 벗어나고 있음을 알 수 있다. 미디어가 보여주는 북한의 유연하고 개방적인 모습은 그간 쌓인 북한에 대한 편견을 깨는 데 일조한다. 다만 이 정상국가 속에서 여성의 자리는 어디인가. 이질문이 떠나지 않는다.

종종 권위주의적 체제의 집권자들이 국제무대에서 개방적이고 세련된 이미지를 연출하기 위해 부인들을 적극 활용하곤 한다. 이미지든 실재든 독재국가가 정상국가로 변화를 꾀하는 한 방편으로서 배우자의 역할을 강조한다. 2013년 평리위안彭麗媛은 중국의 퍼스트레이디로서는 처음 해외 순방에 동행했다. 평리위안이 패셔니스타 퍼스트레이디의 이미지를 국제적으로 만들어가는 시기에 시진핑의 1인 독재 체제도 완성되었다.

리설주의 등장은 정상국가로 발돋움하려는 북한의 대표적인 변화로 읽히고 있다. 어느 정도 동의한다. 현재의 '정상' 범주 안에서는 맞는 말이다. 정상국가는 곧 정상가족, 정상적인 성애의 확장판이기 때문이다. 이전 북한 지도자들의 아내들은 베일에 가려 있었으나, 김정은의 배우자 리설주는 '국가 지도자의 아내'로 자리매김했다. 리설주 동지는 리설주 여사가 되었고, "존경하는 리설주 여사"로 북한 매체에서 언급되기도 했다.

리설주가 국제무대에 데뷔하고 그 호칭도 공식화되는 등의 변화는 북한이 정상국가 이미지를 확립하는 데 중요한 역할을 한다. 두 남성 지도자의 뒤에서 두 여성 배우자가 나란히 걷는 모습은 대부분 정상국가의 정상회담에서 볼 수 있는 장면이다. 이제 남북의 국가 정상 배우자들이 나란히 손을 잡고 걷는 모습을 온 세계가 보았다.

일반적인 (남성) 국가 지도자의 (여성) 배우자의 위치와 역할에 대해 질문을 품고 사는 입장에서 보자면 이런 정상화에 조금 난감해지긴 한다. 리설주의 패션에 대한 관심, 그를 향한 카메라의 노골적인 시선 고정 등 '리설주 정치학'이라는 말까지 등장하는 이 상황은 충분히 예상 가능한 방향으로 흘러가고 있다. '미모와 명품'을 빼고는 여성에 대해 도무지 할 말이 없는 이 정상국가의 모습. 송혜교만큼 예쁘다는 북한의 퍼스트레이디. 군사분계선을 마주하고 있는 분단국가의 차가운 분위기를 녹여주는 온화한 여자들의 역할. 특히 북한 여성을 바라보는 남한의 시선은 꾸준히 문제적이다. 한국의 방송에서는 미국 대통령의 부인 멜라니아 트럼프Melania Trump와의 '미모 대결'까지 기대한다.

격변하는 한반도 정세 속에서 여성이 공식 사진에 등장하는 모습은 거의 배우자의 역할에 국한되어 있다. 이 '평화' 속에서 여성의 역할은 무엇이며 그 자리는 어디에 있을까. 한반도에 평화가 온다는데, 2018년 지방선거에서 더불어민주당의 광역지자체 단체장 후보 중 여성은 한 명도 없었다. 정상국가에서 여성들의 자리와 역할이 선명히 드러난다. 늘 그래왔고, 이를 비정상이라 여기지 않는다. 정상頂上에 있는 그 남자들이 정상正常을 구성한다. 평화 속의 타자들은 누구일까.

길 위에서

　오르한 파묵Orhan Pamuk의 노벨상 수상 연설문 제목은 '아버지의 여행가방'이다. 그의 아버지가 남긴 가방에는 생전에 쓴 원고들이 들어 있었는데, 그 원고에는 "파리의 창문을 통해서 바라본 몇몇 풍경과 몇 편의 시와 역설적인 이야기와 분석한 내용" 등이 담겼다. "내가 어린아이였을 때 아버지가 여행을 다녀오시면 종종 이 작은 여행가방을 열고 아버지의 물건을 샅샅이 뒤지기도 하며 오듀콜로뉴 화장수와 이국의 냄새를 맡곤 했습니다." 아버지의 여행가방은 아들에게 이국적 세계의 매개물이었다.

　파묵의 아버지가 가방에 담아 아들에게 전해준 것은 원고 뭉치였다. 아들은 아버지의 '이야기'를 물려받는다. '아버지의 여행가방'이란 아버지의 삶을 상징한다. "우리를 남겨두고 파리로 떠났을 때의 젊은 시절에 적은 글들입니다. 내가 숭배하며 읽었던 전기 속의 작가들처럼 아버지가 내 나이였을 때 쓰고 생각한 것이 무엇인지 알고 싶었습니다." 한편 아버지의 서구 동경을 발견하고 그는 갈등한다. 파묵의 작품을 구성하는 주요한 요소는 지방주의다. 터키 출신으로서 작품에 서구에 대한 애증의 감정을 담아낸다. 그는 자신에게 세상의 중심부는 '이스탄불'이라고 말한다. 그의 이러한 지방주의를 나는 지지한다. 여행과 지역성은 그의 소설에서 중요하다.《새로운 인생Yeni Hayat》과《눈Kar》의 주요 소재는 여행이다.

'아버지의 여행가방'에는 또 하나의 장소가 등장한다. 바로 아버지의 서재다. 서재는 주로 '아버지의' 장소다. 돌아다니고 읽는 사람은 아버지이며, 집 밖의 세계를 전달하는 사람도 대부분 아버지다. 파묵의 아버지가 파리의 호텔방에서 서구에 대한 동경을 담은 글을 쓸 때, 파묵의 어머니는 어디에 있었을까. 내가 어릴 때도 '여행가방'을 가진 사람은 '아버지'였다. 엄마에게는 대신 장바구니가 있었다. 어린아이를 키우는 양육자(절대다수가 여성)에게는 기저귀 가방이 필요하다. 화가의 가방과 운동선수의 가방이 다르듯, 가방이라는 작은 공간에는 가방 주인의 이동 경로와 주요 업무가 담긴다. 여성이 고급스럽고 값비싼 가방을 갖는 것에 사회가 유난히 경멸의 시선을 보내는 이유가 단지 가격에 있다고 생각하지 않는다. 식구들을 먹이는 장바구니나 아이를 돌보기 위한 기저귀 가방이 아닌 오로지 자신을 위한 공간과 이야기를 소유하는 그 자체를 인정하지 않으려는 발버둥이다. 여성의 몸은 장소화되지만, 여성은 제한적으로 공간을 지니고 제한적으로 장소에 나타난다. 남편을 기다리다 굳어버린 망부석과 그리스 신화의 페넬로페처럼 그 자리에서 남편을 기다리는 여자들을 찬미한다.

여성의 이동권은 '전통적으로' 제약되어 있었다. 독신 여성이 혼자 외국 유학을 갈 수 없었던 19세기 러시아에서 수학자 소피아 코발레프스카야Cóфья Kовалéвская는 고생물학자인 블라디미르 코발레프스키Влади́мир Kовалéвский와 위장 결혼해 독일로 유학갈 수 있었다. 여행은 남성의 영역이었다. 2016년 방영된 드라마 〈디어 마이 프렌즈〉의 아쉬움은 희자(김혜자)와 정아(나문희)의 여행이 두 번이나 실패했다는 점이다. 결국은 여덟 명이 함께 다닌다. 〈디어 마이 프렌즈〉 1회에서는 정아가 남편과 세계여행을 꿈꾸는 대화를 하고, 그 후 희자가 탁자를 닦으며 보는 영화가 〈델마와 루이스Thelma & Louise〉(1991)이다. 2회에서는 정아가 희자의 집에 와서 둘이 함께 〈델마와 루이스〉를 본다. 3회에서는 정아가 운전하는 차를 타고 싶다는 희자의 바람대로 정아는 운전을 한다. 그의 운전, 그러니까 이동이 가능해지면서 그들은 떠날 수 있게 되었다. 3회에서 정아는 혼자 밥을 먹으며 〈델마와 루이스〉를 또 본다. 그날 밤 희자와 정아는 '엄마'를 보러 가다가 사고가 나서 목적지에 가지 못한다.

대표적인 여성 로드무비인 〈델마와 루이스〉에서 델마(지나 데이비스)와 루이스(수전 서랜던)는 영영 집으로 돌아오지 못했다. 그들은 정말 '길 위에서' 죽었다. 델마와 루이스의 여행은 델마를 강간하려는 남자와, 역시 델마를 유혹해 돈을 훔친 남자로 인해 점차 극단적으로 흘러간다. 살인과 강도로 경찰에 쫓기면서 델마는 "나는 항상 여행을 하고 싶었는데, 한 번도 기회가 없었지"라고 한다. 그들은 여행을 했지만 인생을 걸어야 했다. 첫 번째 여행으로 남편과 집에서 해방되었고, 결국 이 세상의 제도에서 스스로 벗어나게 만든다. 그들은 '풍경'

을 본다. 미국을 벗어나기 위해 텔마와 루이스는 잠도 자지 않고 운전을 하지만 어느 때보다 '깨어 있다'. 텔마는 한참 풍경을 응시한 뒤 운전 중인 루이스에게 묻는다. "깨어 있니?" 졸음운전을 방지하기 위한 질문이지만 '깨어 있다awake'는 은유적이다. 루이스가 깨어 있다고 답하자, 텔마는 "이렇게 깨어 있었던 적이 없었어. 내가 무슨 말 하는지 알지? 모든 것이 다르게 보여"라고 말한다. 이제 텔마와 루이스와 함께 이동해보자.

텔마와 루이스는 미국 남부인 아칸소주의 리틀록 주변에 거주하는 것으로 보인다. 2박 3일로 예정되어 있었고, 산에서 낚시를 할 수 있다는 대화로 미뤄볼 때 처음 그들이 가려 했던 장소는 그리 멀지 않은 산으로 추정할 수 있다. 그들은 목적지에 결코 도착하지 못한다. 아칸소주를 떠나기도 전에 첫날 밤부터 사건이 벌어졌고, 그들은 오클라호마시티로 향한다. 그리고 멕시코로 도주할 계획을 세운다. 오클라호마주는 텍사스주와 붙어 있지만 루이스는 멕시코로 갈 때 결코 텍사스를 경유하지 않으려고 한다. 그에게 텍사스라는 장소는 과거에 겪었던 성폭력을 떠올리도록 만들기 때문이다. 따라서 그들은 뉴멕시코주 방향으로 우회할 수밖에 없었고, 여정은 더 길어진다. 더구나 오클라호마주에서 텔마가 무장 강도를 저질러 그들은 오클라호마주에서도 빨리 벗어나야 한다. 뉴멕시코에서는 경찰을 차의 트렁크에 가두고 무기를 빼앗는다. 다시 뉴멕시코에서 빨리 도망쳐야 하는 그들은 멕시코 국경 방향으로 가지 못하고 애리조나주로 향한다. 마지막에 루이스의 선더버드 컨버터블Thunderbird convertible 66년 형

(이 영화의 또 다른 주인공)과 함께 그들이 '날아가는' 장소는 그랜드캐니언이다(실제로는 유타주의 데드호스포인트이다). 텔마와 루이스는 2400킬로미터 이상을 달렸다.

여행, '돌아다님'은 자유로운 인간의 상징이다. 한국에서 누구나 자유롭게 해외여행을 다닐 수 있게 된 것은 1989년 1월 1일부터다. 이전에는 업무상 출장이나 유학 등 뚜렷한 목적이 있는 사람만 해외로 나갈 수 있었다. 특히 남편이 없는 젊은 여자는 혼자 외국에 나가기 어려웠다. '여행'이란 아무나 할 수 없다. 〈디어 마이 프렌즈〉의 마지막 회, 희자는 정아에게 '길 위에서' 죽고 싶다며 새벽 세 시에 차를 가져오라고 전화한다. 정아의 남편인 석균(신구)은 객사가 무섭다고 한 적이 있다. 집에 갇힌 사람에게는 집이 감옥이며 길 위는 자유다. 객사가 두렵겠는가.

어떤 귀환

멜로는 사람과 사람의 관계를 다루는 장르다. 사람에게 반하고, 끌리고, 만남을 시도하고, 조금씩 자신을 보이며 다가가고, 그 과정에서 일어나는 사건과 감정, 내게로 다가왔다가 다시 떨어져나가는 타인, 그 사람을 만나기 전으로 다시 돌아갈 수 없는 나. 〈캐롤〉의 경우는 주로 테레즈(루니 마라)를 통해 이러한 과정을 보여준다. 테레즈는 남자친구와의 여행이 아니라 좋아하는 여자와의 여행을 택한다. 이들의 여행은 두 사람의 세계를 탐험하는 여행이다. 그들은 여행하는 장소를 구경하기보다 운전하고, 먹고, 잔다. 두 여성의 여행에도 훼방꾼이 등장한다. 둘 만의 장소는 녹취를 통해 침범당한다.

그러나 적어도 그들은 '안전하게' 돌아왔다. 미국 동부의 뉴저지에 있는 캐롤(케이트 블란쳇)의 집에서부터 필라델피아, 피츠버그, 오하이오주 캔턴을 거쳐 중서부의 시카고, 아이오와주 워털루에서 다시 그들은 집으로 돌아온다. 이 '돌아온 여자'의 서사는 흔치 않다. 남성들의 여행은 성장을 위한 모험이나 자아 찾기, 새로운 세계의 발견 등이지만, 여성들의 여행에서는 대체로 여성들이 안전하게 돌아오지 못한다. '남자 없이' 집을 떠난 여자들에게는 비극이 일어난다. 영화 〈테이큰Taken〉은 미국 여성들이 프랑스에 여행을 왔다가 범죄조직에 납치되고, 아버지가 이 납치된 딸을 구하는 이야기다. 집을 떠났다가 변을 당한 여성은 결국 아버지에 의해 구출되어 안전하게 집으로 돌아온다. 영화 〈몬스터Monster〉에서 에일린(샤를리즈 테론)은 셀비(크리스티나 리치)와 함께 떠나지만 거리에서 성매매를 통해 생계를 이어가다 위험천만한 상황에 내몰리고, 결국 연쇄살인범이 되어 법정에 선다. 아버지의 품으로 다시 돌아가거나, 제도에 의해 처벌받기를 거부한다면 〈델마와 루이스〉에서처럼 영영 세상을 떠나는 선택지만 남는다.

나혜석은 조선 여성 최초로 유럽과 미국을 다녀왔다. 여행 중에 최린과 연애를 했는데, 세계일주를 마치고 돌아와 사회적으로 스캔들의 주인공이 되었다. 이미 바람을 피우던 남편은 나혜석에게 이혼을 청구한다. 8개월간 파리에서 체류한 적이 있는 나혜석은 조선으로 돌아간 후《삼천리》에 〈아아, 자유의 파리가 그리워〉라는 글을 비롯해 여행기를 기고한다. 이미 다른 세계를 경험하고 돌아온 그에게는 조선을 바라보는 심란한 마음이 드러난다. 한편 참정권 투쟁 등 여성 운동에 참여하는 서구 여성과의 만남도 기록한다. 그는 여행을 통해 조선이라는 나라뿐 아니라 자신의 성 정체성에 대해서도 생각한다. 당시 남성 지식인의 여행기에서는 찾기 어려운 시각이다.

말년에 가난했으며, 가족에게 외면받았고 자식들과도 만날 수 없었으며 돌봄을 받지 못한 채 무연고로 죽었으니 그의 삶을 '불행'하다고 한다. 하지만 당시 여성으로는 드물게 세계여행을 한 나혜석에게 무슨 여한이 있을까 싶다. 그는 돌아다녔고, 말했다. 그의 인생을 '불행'하게 바라보는 시각은 가부장적 시선이다. 여자가 너무 똑똑하고, 설치고, 나대면 이렇게 불행해진다는 교훈을 주고 싶어서다.

돌아온 여자, '환향녀'는 멸시의 대상이다. 집을 떠났다가 온 여자는 외부 세계와의 접촉으로 이미 '순결'을 잃었고 오염된 인물이다. 이러한 관념과 가장 배치되는 이야기는 어쩌면《눈의 여왕Sneedronningen》일 것이다. 안데르센Hans Christian Andersen의《눈의 여왕》은 여성이 '갇힌 남성'을 구출하기 위한 여정에 나서고 성공적으로 돌아오는 이야기다. 어느 날 거울 파편이 눈 속에 섞여 카이의 눈과 심장에 박힌다. 이 거울은 세상을 비뚤게 보도록 눈의 여왕이 만든 거울이고, 카이는 상냥하던 모습을 잃은 채 못된 사람이 된다. 그러다 어느 날 카이는 눈의 여왕에게 납치된다. 게르다는 사라진 친구 카이를 찾아 나선다. 그는 꽃이나 동물 등 자연과 소통하며 홀로 길을 찾는다. 그 과정에서 산적을 만나거나 갖은 고난을 겪고, 위기에서 도움을 주는 친구도 만나며 결국 카이를 찾는다. 카이를 만나 그를 안고 뜨거운 눈물을 흘리자 카이의 심장에 박힌 유리조각이 녹아 카이는 본래의 모습으로 돌아온다. 함께 집에 돌아왔을 때 그들은 어느새 어른이 되어 있다. 게르다가 카이를 찾아 나선 그 여정은 아이가 어른이 되는 성장 과정이고, 모험을 마친 그들은 성숙한 인간이 되었다.

만나다

2016년 2월 첫 주부터 사우디아라비아의 수도 리야드에 있는 스타벅스에서 여성 출입을 금했다. 대신 '운전기사'를 보내라고 하는데, 남자라고 하지 않고 '운전기사'를 보내라는 문구가 인상적이다. 운전기사가 없는 여성은? 여성의 운전이 사실상 2018년 6월에 '허가'되었으니 여성 운전기사는 당연히 없을 때다. 고용된 '운전기사'가 아니라면 남자가 사우디에서 여성의 커피 심부름을 과연 얼마나 해줄지 모르겠다. '섬세한' 차별이다. 여성에게 커피는 팔아야겠고, 관습(?)을 존중해 여성이 보이는 모습은 막아야 하고, '감히' 남자에게 여자의 커피 심부름 따위를 요구할 수도 없고, 그래서 '운전기사'라고 에둘러 표현했을까.

17~18세기 영국에서는 여성들의 커피하우스 출입을 금했기 때문에 여성들이 남장을 하고 커피하우스에 가기도 했다. 커피 한 잔을 공공장소에서 마시기 위해 펼치는 위험한 모험이다. 여성에게 금지하는 것은 '커피'가 아니라 커피를 '보이는 장소에서 마시는 행위'다. 여유와 쾌락을 느끼는 여성을 금지하는 행위다. 사우디아라비아처럼

금하지는 않아도 한국에서 여성들이 커피를 사서 마시는 행위를 두고 비뚤어진 시선을 보내는 이유도 이와 무관하지 않다. '여성의 소비'만이 아니라 여성이 공공장소에 보이는 것 자체를 혐오한다. 또한 그 공공장소에 '여성들끼리' 모여 있으면 더욱 불편하게 바라본다. 카페에서 낮에 아기 엄마들이 모여 있는 모습을 흉보는 사람들이 꽤 있다. 처음에는 어린아이들 때문에 발생하는 소음을 싫어하는 줄 알았는데, 자세히 관찰해보면 꼭 소음 때문만은 아니다. 여자들이 모여 있는 그 자체가 혐오대상이다. '집구석'에 박혀 있지 않고 유모차를 끌고 나와 돌아다니며, 그 '유모차 부대'들이 함께 모여 있는 모습을 아주 낯설게 바라본다. 여자가 '남이 해준 음식'을 받아먹는 행위는 비여성적인 태도다. 여성은 '먹이는' 사람인데 공공장소에 애까지 데리고 나와 감히 먹거리를 구매하다니.

여성은 '집사람'이다. 집은 돌아다니지 않는다. 과거의 쓰개치마, 전족, 남자를 동반하지 않은 해외여행 금지 등에는 모두 이런 배경이 깔려 있다. 일부 나라에서 부르카는 현재진행형이다. 그런데 집은 과연 여성에게 안전한가. 밖에서 여성이 보이지 않길 바라는 사회일수록 여성에게 집이라는 공간은 많은 차별과 폭력을 은폐하는 장소가 된다.

사회의 약자들에게 장소를 규제하는 행위는 약자들의 연대를 파괴하는 오래된 전략이다. 함께 있으면 정보를 공유하고 힘이 생긴다. 미국에서 흑인 이발소는 흑인 민권운동을 위해 모이는 장소였다. 그 가능성을 차단할 수 있는 가장 효과적인 방법은 장소의 규제다. 사회

오인환, 〈남자가 남자를 만나는 곳, 서울 Where He Meets Him in Seoul〉(2001)
향가루로 쓴 게이바의 이름들은 전시가 끝나면 재가 되어 사라진다. 존재하지만 보이지 않는 장소다.

적 약자들을 공적 영역에서 지우고, 그 개개인들의 연대를 불가능하게 만들며, '나'의 경험을 어디까지나 사적 경험으로 만들어 역사 속에서 소거시킨다.

주로 설치 작업을 하는 작가 오인환은 자신의 성 정체성을 작품의 주제로 많이 다룬다. 그중에서 2001년 전시한 〈남자가 남자를 만나는 곳〉이라는 작품은 게이들의 만남의 장소를 담았다. 이 작품은 전시가 열리는 도시에 있는 게이바의 이름들을 전시장 바닥에 향가루로 써놓고 전시 기간 내내 향을 피워 이름이 재가 되도록 만드는 작업이다. 전시가 끝나면 작품은 재가 되어 사라진다. 존재하지만 보이지 않

는 장소다. 성소수자는 개별 존재뿐 아니라 각각의 존재가 갖는 만남
도 들켜서는 안 된다. 재가 되어버린 작품처럼, 미술관을 나오면 머릿
속에서는 그 장소의 이름이 사라질지도 모른다. 그러나 적어도 그 작
품은 관람자의 인식에 개입하고, 이러한 개입은 분명 흔적을 남긴다.

　　페미니스트 카페는 여성들의 연대를 상징하는 장소다. 그 장소에
서 여성들은 만나고 두려움 없이 말하며 관계를 구축할 수 있다. 대학
가를 중심으로 페미니즘 담론이 활발하던 시기인 1997년 이화여대
앞에 이화여대 여성학과 동문 세 명이 만든 카페 '고마'가 있었다. 최
초로 '페미니스트 카페'라는 정체성을 내세운 장소였다. '고마'는 곰
의 옛말로 단군신화의 웅녀를 연상시킨다. 이 카페에서 전시, 공연,
시 낭독회 등 문화행사가 열렸고, 여성운동의 소식을 나눌 수 있었다.
현재 고마는 사라졌지만, 2017년 카페 '두잉'이라는 새로운 페미니즘
카페가 다시 생겼다. 여성들은 만나고, 연결될 것이다.

'시집나라'에 오다

이순원의 〈미안해요, 호 아저씨〉, 김애란의 〈그곳의 밤 여기에 노래〉, 천운영의 〈잘 가라, 서커스〉, 김재영의 〈꽃가마배〉, 한지수의 〈열대야에서 온 무지개〉 등 2000년대 이후 (대부분 여성 작가들에 의해) 결혼이주여성에 대한 소설이 꾸준히 등장하고 있다. 한국전쟁 후 남북으로 흩어진 '한민족'의 이산이 문학의 소재가 되었다면, 이제는 한국으로 오는 이주민들의 모습이 우리 문학에 담긴다.

여성에게 권장된 이동은 결혼과 밀접한 관계가 있다. 여성은 결혼을 통해 남자가 있는 장소로 간다. 오늘날에도 주로 여성들이 남편의 직장이 있는 곳으로 함께 이동한다. 여성의 인간관계와 물리적 장소는 자연스럽게 남성을 중심으로 배치되어왔다. 내가 외국에서 만난 한국인들을 보면 남자들은 대부분 아내와 함께 오거나, 혼자 왔더라도 잠깐 한국에 가서 배우자를 만나 함께 자신의 장소로 돌아온다. 그 여성들의 가사와 육아, 돌봄 노동, 여성 간의 인적 네트워크를 통한 문화적 적응을 바탕으로 남성들은 공부와 일에 집중한다. 이를 자연스럽게 받아들이지만, 아마 그 반대의 경우를 자연스럽다고 말할 사람은 없을 것이다.

한국에서 점점 늘어나는 결혼이주여성들은 남성 중심의 이동권이 극단적으로 적용된 사례다. 남성들은 경제적으로 더 어려운 나라의 여성들을 '선택하고' 자국으로 '데려오기' 위해 여성의 장소로 간다. 남성과 남성의 가족들은 결혼이주여성에게 경제적·문화적·지리적·언어적으로 모든 면에서 주도권을 가진다. 여성을 투자한 돈만큼의 상품으로 여기며, 적응이라는 이름 아래 인격체를 비인격적 대상으로 대한다. 이런 태도가 극단적으로는 이들을 살해하기에 이른다.

2010년 한국에 와서 결혼한 지 8일 만에 남편에게 살해당한 탓티황옥 사망 사건의 추모제에서 결혼이주여성들은 "내게도 있을 수 있는 일"이라고 목소리를 냈다. 그 자리에 있었던 또 다른 베트남 출신 이주여성은 2017년 시아버지에게 살해당했다. 2016년 5월 강남역 살인사건 이후 많은 여성들이 "내가 죽을 수도 있었다"고 외쳤던 목소리와 겹쳐진다. 개인적인 문제가 아니다.

교육방송에서 2013년 10월부터 방영해온 〈다문화 고부열전〉은 결혼이주여성과 한국 시어머니의 갈등을 다룬다. 이 방송은 며느리와 시어머니라는 두 여성의 일상을 보여준 뒤 그들의 갈등을 조명한다. 그리고 결혼이주여성의 출신 국가로 며느리와 시어머니가 함께 여행을 간다. 며느리의 습관과 성격, 가족에 대한 그리움이나 성장 배경에 대한 이해가 없던 시어머니는 며느리의 나라와 가족을 방문하며 조금 이해하게 된다. 두 사람의 갈등은 적어도 방송에서는 해소가 되는 듯이 그려진다.

언뜻 다문화 가정과 결혼이주여성에 대한 이해를 돕는 교육적인 내용으로 보인다. 그러나 개인적 만남이 아닌 알선을 통한 결혼이주는 가부장제와 자본주의가 결합해 빚은 이동이다. 저소득국가의 여성일수록 선진국의 하위 주체로 편입되는 전 지구적 자본주의 현상 등이 아주 간단하게 '고부갈등'으로 축소되고 은폐된다. 특히 결혼이주여성을 이해하는 역할도 결국에는 시어머니라는 여성의 몫이다. 이 프로그램에서 정작 남편은 많이 등장하지 않는다. 흔히 '여자들 문제'라 불리는 많은 사회문제들이 이런 식으로 은폐된다. 정치적이며 경제적인 사안이 여자들의 사적 갈등으로 축소되어, 개인이 이해하고 극복하며 적응해야 할 문제가 된다.

결혼이주여성이 아니더라도 결혼한 여성들은 부계 중심의 관계 속에서 단절과 모멸감을 수없이 경험한다. 명절 때 남성의 본가를 방문하지 않기로 선택하는 여성들이 점차 늘어난다. 그날 그 자리에 참석토록 하는 반복적인 '행사'는 부계 중심의 가족관계를 확인시키고, 이를 전통으로 고착화하며, 여성이 있어야 할 자리(시'댁', 그 집의 부엌, 남성들과 다른 식탁 등)를 매번 주지시킨다. 이러한 '전통'은 오늘날 여성에게 명백히 굴종과 억압으로 읽히기에, 이를 거부하는 여성들은 점차 늘어날 것이다. 여성이 움직이지 않으면 유지가 안 되는 전통은 하루빨리 청산하는 게 낫다.

이처럼 명절마다 여성들이 부계 중심의 가족관계에서 겪는 모멸감이 결혼이주여성들에게는 더욱 일상적이며 극단적으로 펼쳐진다. 가족관계뿐 아니라 지역사회와 국가 모두 남성을 중심으로 만들어진

관계이기 때문이다. 결혼을 통해 남성의 나라에 이주한 여성들은 장소 정체성을 배제당한다. 그들은 '시집나라'에 온다. 국가가 곧 시'댁'인 셈이다. 가정과 사회는 이 여성들을 적응시켜 '한국 사람으로' 만든다. 이동을 통해 가족과 국가에서 단절된 이들은 한국 음식에 적응해야 하고, 그 음식을 만들 줄 알아야 하며, 언어를 배우고, 한국의 문화를 익혀야 한다. 반면 남성 가족에게 이 여성들이 품고 있는 문화는 적응의 세계가 아니다. 한국보다 못사는 나라의 문화는 오히려 무시당해도 되는 세계다. 이러한 무관심과 무시 속에서 이주여성들은 "나도 그 베트남 이주여성(탓티황옥)일 수 있습니다"라고 외치고 있다.

웰컴

2015년 가을, 파도에 휩쓸려 해안가에 자는 듯 누워 있는 세 살짜리 아이의 시신 사진이 세계를 울렸다. 이러한 사진은 일시적으로 사람들을 울리지만 이내 잊힌다. 그리고 또 다른 사진이 등장한다. 2016년 시리아 내전의 격전지인 알레포에서 피투성이로 구조된 어린아이의 모습에 또 세계는 '충격'을 받는다. 약한 어린아이에 대한 연민, 난민을 향한 적대감과 혐오가 공존하며 타인의 고통은 일시적으로 소비된다.

삼바라는 이름의 세네갈 사람과 알고 지낸 적이 있다. 그를 만나기 전까지 사람 이름으로 '삼바'는 내게 낯설었다. 삼바 …… 춤과 음악, 그 이름에서는 흥겨운 소리가 들렸다. 흥겨운 이름과 달리 삼바라는 아프리카인의 삶은 고난으로 가득하다. 2015년 국내에 번역되기 전 2014년에 영화로도 개봉한 소설《웰컴, 삼바Samba》는 프랑스에 온 지 10년이 넘었으나 체류증을 받지 못한 '불법체류자' 말리 청년과 그 주변의 이민자들을 다룬 작품이다. 원제에는 '웰컴'이 없는데 한국에서 번역된 제목에는 '웰컴'이 붙었다. 더 잘 어울린다. 삼바는 프랑스에서 '웰컴' 받지 않는다. 합법적 체류를 보장하는 체류증이 없으면 존재를 증명할 길이 없고 살아온 흔적을 알릴 수 없다. 모든 공적인 삶에서 소멸된다. 살아 있지만 없는 사람. 삼바는 자신의 신분을 들키지 않고 '미국 농구선수' 같은 흑인으로 보이길 원했지만, 결코 그렇게 보이지 않는다.

'웰컴'이라는 단어를 생각한다. 2009년에 개봉한 〈웰컴Welcome〉이라는 프랑스 영화도 한 쿠르드 난민이 주인공이다. 간신히 프랑스에 온 청년은 여자친구가 있는 영국으로 가려 한다. 목숨을 건 밀항에 실패하자 수영으로 도버해협을 건너려다 결국 영국과 프랑스 사이의 차가운 바닷속에서 죽는다. 이탈리아로 밀항하려는 아프리카 난민들의 배가 자주 침몰하는 람페두사의 비극처럼 국가와 국가 사이에서 죽음이 침몰하고 있다.

이민자의 이미지는 국민의 세금으로 지원받고 경제에 부담을 주는 존재로만 그려진다. 그러나 이민자들, 특히 프랑스의 경제활동에서 비공식 존재인 '불법체류자'는 경제가 굴러가는 데 중요한 역할을 한다. 그들은 위험하고 더럽고 부당한 노동을 싼값에 저항 없이 감수한다. 노동자를 더 값싸게 '사용'하고 '교환'하기 좋은 구조를 통해 시장은 이익을 챙긴다. 하지만 공식적으로는 집계되지 않는 노동활동이다. 유령처럼 그들은 프랑스를 청소하고, 건물을 쌓아올리며, 아파트의 지하에서 쓰레기를 분리수거하고 있다. 이러한 지하노동이 없는 프랑스의 정의와 자유는 상상하기 어렵다.

사진에 충격을 받았다는 미국과 유럽의 일부 나라가 난민 수용

방안을 논의했다. '어린아이의 비극'이 사회적 반향을 크게 일으키면 한때의 '자비'로 난민을 포용하는 듯하지만, 언제든 '법의 이름으로' 추방할 수 있다. 난민을 '받는다'는 입장에서는 같은 상황이 지속될 것이다. 난민들은 프랑스(유럽)에서 뭔가를 얻으려 '왔다'기보다 제 나라를 떠나지 않으면 살 수 없기 때문에 '떠난다'. 어떻게 그들은 제 나라를 떠나 난민의 신분이 되었는가. "세상 사람들은 열대 지방의 물고기들을 훑어갔지만, 어부들은 받아들이려 하지 않았다. 지하자원은 모조리 캐갔지만, 광부들은 원치 않았다. 모든 것을 다 가져갔지만, 그것에 대해 말하는 것은 원치 않았다."[48]

드라마 〈용팔이〉 9회에서는 '불법체류' 여성의 출산 장면이 나왔다. 위급한 상황이지만, 죽는 것보다 병원에서 신분이 발각되어 추방당하는 것이 더 두려워 집에서 용팔이에게 제왕절개 수술을 받는다. 합법적으로 거주하지 않는 인간에게 죽음은 '아무것도' 아니다. 애초에 공식적으로 존재하지 않았기에 죽음도 없다. '불법적' 존재가 드러나면 그는 소설 속의 삼바처럼 철저히 부정당하는 존재가 될 것이다. 한국인이 '아니고', 신분증이 '없고', 의료보험도 '없다'.

여성과 소수자의 이주는 이민 연구에서도 별도로 다루어야 할 담론이다. 결혼과 취업을 위한 여성 이민이 증가하면서 한국에서도 이미 2000년대 초부터 '이주의 여성화feminization of migration'가 확대되어 왔다. 2002년 재중동포의 서비스업 취업이 허용되면서 많은 여성들이 한국의 저임금 서비스업계로 유입되었다. 삶의 장소를 옮기는 이주를 페미니즘의 관점에서 바라보면 여성의 건강, 경제적 위치, 이주 여성의 섹슈얼리티, 출산과 양육의 문제 등 여성 이주자를 둘러싼 문제가 훨씬 잘 보인다.

전 세계에 '삼바'가 있다. 2015년 기준으로 시리아를 탈출해 한국에서 난민 신청을 한 이들이 713명이라고 한다. 그중 난민으로 인정받은 이는 단 세 명이다. 한국의 난민 인정률은 4.1%에 불과하다. '웰컴'은 극히 드물다. 2018년 제주에 들어온 예멘 난민은 한국 사회에서 난민을 바라보는 시선을 수면 위로 올려놓았다. 난민 500여 명이 한국인 5000만 명을 압도할 것 같은 과잉 공포와 걱정은 허구다. 난민에 대해서도 '진짜'와 '가짜'를 구별하려는 여론이 강하다. 먼 나라에 나타난 어린아이의 시신을 향한 연민의 눈빛은 '우리'나라에 들어온 난민을 향해서는 순식간에 달라졌다. 원거리의 시혜적 위치에서 보내는 연민은 이처럼 나와 가까워졌을 때 얼마든지 달라질 수 있다. 게다가 다수의 남성으로 이루어진 난민에 대한 시선은 '우리' 여자와 '외부' 남성의 대립 구도를 만들었다. 또한 난민이 무슬림이라 특히 더 문제라면, 무슬림 관광객은 어떻게 대할 것인가. 질문이 끝없이 이어진다.

한편 이러한 거부감을 단지 혐오라는 이름으로 비난하기보다는 감정의 맥락을 살펴볼 필요가 있다. 정부의 뚜렷한 대응이 없는 상태에서 가짜 정보가 난립하고, 일부에서는 자국 여성과 난민 남성 간의 구도를 통해 '여성문제'와 '난민문제'가 충돌하도록 만든다. 진보를 추구하는 이들 중에는 이 충돌을 과하게 부풀려 궁극에는 페미니즘을 놀리고 싶어 하는 태도를 보이기도 한다. 페미니즘이 극우와 결합했다고 '걱정'하기보다는 그동안 진보 진영이 여성을 어떻게 소외시켰는지 고찰해야 하지 않을까.

어디에서 왔니

    박물관 직원과 몇 마디 얘기를 나누고 돌아서는데 "어디서 왔어요?"라고 묻는다. "여기 살아요"라고 답하며 다시 돌아서는 내게 그가 또 물었다. '원래originally' 어디서 왔냐고. "사우스 코리아South Korea." 이런 상황이 불쾌하진 않다. 다만 질문이 따라온다. 나는 늘, 어디에서 '온' 사람임을 환기당한다. 하루는 식당에서 밥을 먹는 동안 세 번이나 어디서 왔냐는 질문("Where are you from?")을 받았다. 그날따라 주문받는 사람, 음식을 가져다주는 사람, 계산하는 사람이 모두 달랐다. 물론 그들은 모두 친절하다. '그냥' 물어보는 것이다.

    원래, 진짜, 어디에서 왔는가. 나는 왔고, 그들은 거기에 있다. 나는 '여기'에 있으나 '여기'는 나의 '원래' 장소가 아니라고 규정된다. 나의 장소는 늘 'from' 뒤에 버티고 있는 듯하다. 나 같은 뜨내기는 그렇다 쳐도, 그 많은 입양인이나 현지에서 태어난 교포들은 어떨까, 자동적으로 상상하게 된다. 2016년 10월《뉴욕타임스New York Times》가 "중국으로 꺼지라"는 말로 상징되는 아시아인 차별에 대해 다룬 적이 있다. 미국에서 태어난 한 중국계 미국인의 경험이 보인다. 어디서 왔니. 여기. 아니, 원래 어디서 왔니. 원래 여기. 아니, 너의 국적이 뭐냐고. 아메리칸. 그럼 너의 부모는 어디서 왔니. 중국에서. 아, 그럼 너는 중국인이네. 원하는 답을 얻어야만 끝난다. 네덜란드, 독일과 북유럽 등에서 온 조상을 둔 후손들은 이런 불필요한 족보 캐기를 당하지 않는다.

솔직함이 윤리적·미적으로 각광받는 시대다. 배려와 존중은 위선이 된다. 솔직함은 정직을 보장하는 어떤 시대정신처럼 이 지구 위를 떠다닌다. 각종 혐오 발언을 한 도널드 트럼프는 미국 대통령이 되기까지 했다. 그런데 고작, 어디 출신이냐는 질문 정도가 문제겠는가.

어디에서 왔니. 이는 '어디'라는 장소를 소유했다고 여기는 주인의 언어다. 공화당 지지자들 중 일부가 미국인 버락 오바마의 출생증명서에 대한 의혹을 제기했던 이유도 오바마의 피부색 때문이다. 그의 근원을 파헤치는 일에 '주인'들은 아무런 죄의식이 없다. 어디에서 '온' 사람들은 때에 따라 어딘가로 꺼지기를 종용받는다. 그런데 백인 노동자 계층은 히스패닉과 중국인 노동자에게 밀려 국가로부터 버림받은 기분이라고 한다.

노예제가 있던 시절에는 '인종 예절racial etiquette'이라는 개념이 있었다. 예를 들어 흑인은 백인에게 먼저 말을 걸 수 없었다. 만약 백인 여성에게 먼저 말을 걸고 인사를 했다간 백인 남성에게 흠씬 두들겨 맞을 것이다. 백인은 이러한 '예절'을 지키지 않는 흑인에게 벌을 줄 권리가 있었다. 이러한 차별적 문화가 범죄로 제도화되는 과정에서 과거의 주인들은 문화전쟁의 패배자라는 박탈감을 느끼고 이 '문화'

를 움켜쥐기 위해 고군분투 중이다.

세계 최대 규모의 부조로 알려진 미국 남부 조지아주의 스톤 마운틴Stone Mountain에는 남북전쟁 당시 남부를 이끌던 지도자 세 명의 모습이 새겨져 있다. 일부에서는 남부를 지키려 했던 이들 영웅이 인종차별주의자이기에 이 작품에 대항하는 또 다른 인물로 부조를 만들자는 의견도 있었다. "언젠가는 조지아의 붉은 언덕 위에 옛 노예의 후손들과 옛 주인의 후손들이 형제애의 식탁에 함께 둘러앉는 날이 오리라는 꿈"(마틴 루터 킹)을 시각화할 수 있는 작업이다. 하지만 트럼프의 집권 이후 나타난 현실은 백인우월주의 단체인 쿠 클럭스 클랜Ku Klux Klan, KKK의 당당한 등장이다.

'순수하지 않은 타자'를 골라내며 순수를 향한 폐쇄적 사회로 향할 때 가장 취약한 이들은 누굴까. 각종 차별주의자의 솔직함이 지배하는 사회에서 '우리'에 해당되는 사람만이 새로운 기회를 누리게 될 것이다. '여기'를 소유한 사람만이 '우리'가 된다.

차별은 악의로 벌어진다기보다 무지 때문에 발생하기도 한다. 페미니즘은 '관계'를 성찰하고 이에 대해 질문하여 관계의 재구성, 곧 권력과 관념의 재구성을 시도한다. 통념적인 남성과 여성의 관계뿐 아니라 인간과 자연, 동물과 인간, 다른 성과의 관계, 다시 말해 타자와의 관계를 성찰하는 데 여성주의적 시각이 개입해야 하는 이유다.

장소 투쟁

　1955년 12월, 로자 파크스Rosa Parks가 버스 안에서 백인에게 자리를 양보하지 않은 행동은 '보일 권리'를 위한 저항이었다. 버스의 자리 하나를 '점거'했던 행위는 382일 동안 이어진 몽고메리 버스 보이콧 운동의 시발점이 되었다. 2011년 뉴욕 월가에서 '점거하다'라는 의미의 오큐파이Occupy 운동이 왜 의미가 있었을까. 장소는 권력, 정체성과 긴밀하게 연동되어 있다. 사람과 사람 사이에 관계가 형성되기 위해서는 일단 기본적인 조건 두 가지가 필요하다. 시간과 장소다. 언제, 어디에서. 이 조건이 없다면 수많은 시공간 속에서 서로 엇갈린다. 온라인도 일종의 장소다.

　고위층이 의전에 집착하는 이유는 거창한 의전이 그 시간, 그 장소에 대한 자신의 지배를 공표하는 권력 행위인 데 있다. 남성들의 연대를 과시하는 룸살롱의 공간은 극단적인 젠더 권력이 '유료로' 지배하는 장소이다. 시간과 장소는 인간의 삶에서 중립적이거나 객관적으로 작용하지 않는다. 성별과 인종, 계층에 따라 살아가는 공간과 시간이 다르다. 청소 노동자의 휴식 공간 부족, 기차역 플랫폼으로 직행

할 수 있는 국무총리의 승용차, 부엌을 비남성적 공간으로 인식시켜온 '전통', 공간에 대한 이 모든 태도에 권력이 개입한 차별이 있다.

그 자리가 누구의 자리냐에 따라 침입의 대상이 되기도 한다. 소수자들의 모임 장소는 연대와 사교, 나아가 저항의 공간이다. 모임에서는 관계와 함께 그들의 언어를 배우고 유통시킬 수도 있다. 이러한 관계와 언어라는 힘이 형성되지 못하도록 소수자의 장소는 지속적으로 공격받는다. 성소수자들의 경우 많은 시간을 제 정체성을 숨기는 데 사용한다. 그렇게 관계 맺기를 방해받으며 고립을 강요당한다. 사회의 약자와 소수자들은 시간의 빈곤과 공간의 박탈을 일상적으로 경험한다. 예를 들어 대중교통에서 임산부의 자리, 트랜스젠더의 화장실 사용 문제는 바로 일상에서 박탈당하는 '사소한' 공간을 둘러싼 권리 투쟁이다. 페미니스트 지리학자인 린다 맥도웰Linda McDowell은 "장소는 경계를 규정하는 규칙들을 구성하는 권력관계를 통해 만들어진다. …… 누가 어떤 공간에 속하는지, 누가 제외되어도 괜찮은지 등을 정해준다"[49]고 했다. 성소수자가 '벽장' 속에 갇혀 있다거나 여성에게 '유리천장'이 있다는 은유도 모두 공간에 빗대어 차별의 개념을 담은 표현이다.

미국에서 노숙 청소년의 40%는 성소수자에 해당한다. 자신을 숨기지 않아도 되는 '안전한 장소'가 귀하다. 게이 퍼레이드, 게이바 등이 있(어야 하)는 이유다. 게이바는 나를 배척하지 않는 사람들이 모이는 곳으로서 동지를 만날 수 있으며, 이성애 사회에서 나의 사생활을 보호받을 수 있는 공공장소이다. 1969년 6월 28일 새벽, 당시 성소수자들이 모이던 뉴욕의 스톤월 인stonewall inn 바를 급습한 경찰에 항의하며 시작된 스톤월 항쟁은 그 시간 그 장소에 그 사람들과 있을 권리를 위한 투쟁이었다. 그래서 대부분의 퀴어 퍼레이드가 6월에 열린다.

2016년 미국에서 일어난 올랜도 총기 사건에는 혐오 범죄, 테러, 총기 규제라는 갖가지 요소가 뒤섞여 있다. 그러나 '게이 나이트클럽'이라는 사건의 장소는 우연이라기보다 사건의 정체성을 구성하는 주요 요소 중 하나다. 1973년 뉴올리언스의 게이바에서 방화로 32명이 사망한 사건부터 올랜도 사건에 이르기까지, 성소수자의 몸과 그들이 모이는 장소는 꾸준히 침입당했다. 뉴올리언스 방화 사건의 경우 희생자가 동성애자라는 이유로 수치심 때문에 끝까지 시신을 수습하지 않은 가족들도 있었다. 마지막까지 버려진 몸이었다.

몸을 통한 구별은 차별의 기초를 형성한다. 혐오는 갈수록 오락이 되어간다. 혐오를 '표현'할 '자유'는 소극적 침묵의 도움을 받아 은근슬쩍 만개한다. 차별받는 대상에 대한 의도적 무시가 지속되면서 정말 무지 덩어리가 되어버린 이들과 싸워야 한다. 가장 기본적인 '자기만의 방'을 위한 투쟁이 지속적으로 필요하다.

이사와 이산

　어린 조카가 처음으로 이사를 경험했을 때다. 아직 이사에 대한 개념이 없는 조카는 매일 "여기는 집이 아니야. 집에 갈 거야"라고 하며 예전에 살던 동네 이름을 읊어댔다. 거주지를 옮기며 어린아이는 '집에 돌아가지 못한 기분'을 느끼고 있었다. 고작 30개월짜리 아이의 그리움을 미처 예상치 못했던 어른들은 그만 당황하고 말았다.

　비슷한 시기, 나도 인구 5만 명이 안 되고 90% 가까이 백인으로 구성된 미국의 한 작은 마을로 이사했다. 실직과 이혼에 비견될 정도로 일상에 커다란 스트레스를 준다는 이사. 삶의 흔적을 떠안고 옮기는 일은 행정적·물리적·감정적 일처리를 가득 쏟아놓는다. 지금까지 나는 스물 서너 번 정도 이삿짐을 싸고 풀었다. 10대와 20대에 그렸던 많은 그림들은 수없는 이사 과정에서 파손되고 유실되어 거의 남아 있지 않다. 삶의 장소를 자주 바꾸는 사람에게 물질적 보관이란 사치였다. 또한 관계의 진득함이 어렵다. 새로운 만남이 발생하지만 그만큼 늘 헤어진다. 대신 장소 그 자체와 관계 맺는 일은 피할 수 없는 생존의 문제로 자연스럽게 자리 잡았다.

한국-프랑스-미국으로 옮겨 다닌 과정 속에서 이사가 이산의 경험을 낳았고, 내 일상은 '틈'으로 채워졌다. 말과 말 사이, 피부색 사이, 지역과 지역 사이에서 발생하는 그 틈이 바로 인간에게 사유의 영역이다. 가수 이효리가 서울을 떠나 제주에 살며 발표한 곡 〈서울〉도 이러한 사유 속에서 자연스럽게 창작된 곡으로 보인다. 이주는 제 주변을 구성하는 인간관계와 환경, 기후, 음식, 때에 따라 언어까지 바뀌는 일상의 지각 대변동을 몰고 온다. 상실로 채워지는 이주는, 한편으로 개인의 정체성을 꾸준히 되묻는다. 인간의 정체성은 고정불변이 아니다. 스튜어트 홀Stuart Hall의 주장대로 특정한 역사, 곧 장소와 시대 속에서 '자리매김positionality'되어 형성된다.

특히 여성에게 이주는 인종과 젠더의 정체성을 둘러싼 질문의 무게를 가중시킨다. 나의 젠더와 국적(과 인종)을 지속적으로 환기시키는 환경은 나의 '기원'에 나를 꾸준히 묶으려 한다. 'ㅇㅇ로 부터'에서 자유롭지 못한 채, 흩어진 삶의 흔적처럼 언어가 흩어지고, 수많은 통번역 속에서 결국 말은 온전히 번역되지 못함을 알아간다. 프랑스에서 작가로 활동하는 한 친구는 매일 아침 버지니아 울프Virginia Woolf의 소설《파도The Waves》를 베껴 쓰고 전시회에서 이를 낭독한 적이 있다. '나'와 내가 있는 장소 사이의 괴리감 속에서 현실적 적응과 이해를 위한 첫걸음은 반복과 모방이다. 낭독은 문장을 입술에 새겨 몸으로 스며들게 만든다.

주인공 여섯 명의 독백으로 이루어진《파도》는 어린 시절부터 노년까지의 인생이 담겨 있으며, 궁극에는 '나'의 정체성을 찾는 여정이다. '나는 도대체 누구인가'라는 질문으로 가득한《파도》는 부유하는 '나'를 정착시키지는 못해도 부유하는 시간을 견딜 수 있도록 도와준다. 마치 여섯 명의 자아로 분열된 버지니아 울프의 영혼이 새겨진 듯한 작품《파도》. 독백과 독백이 뒤섞이며 삶의 이야기는 직조된다. 출렁이는 의식과 이리저리 왔다 갔다 오르락내리락하는 인간의 삶이 파도와 같다. "너에게 대항하여 나 자신을 내던지리라, 패배하지 않고, 굴복하지 않으며, 오 죽음이여! 파도는 해변에 부서졌다." 버지니아 울프의 이 묘비명은《파도》의 마지막 문장이다.

여섯 명의 주인공 중 특히 소설가를 꿈꾸는 버나드의 독백은 나와 타자 사이에서 어떻게 뒤섞여 살아야 하는지 갈등하는 모습을 잘 드러낸다. "달에서도 나무에서도 충분한 아름다움을 느끼지 못하는 나는, 사람과 사람의 접촉이 전부이지만, 그러나 그것조차도 잡을 수 없는, 너무도 불완전한, 너무도 연약하고, 너무도 외로운 나는, 거기에 나는 앉아 있다."[50]

나를 알기 위해서는 어쩔 수 없이 타인의 눈이 필요하다. "내가 이렇게 요란한 장식의 옷을 다시 입으려면 내게 주목할 여러 사람의 눈이 필요하다. 나 자신이 되기 위해서는 (똑똑히 써놓자) 타인의 눈이 비춰주어야 한다. 그러므로 나는 나 자신이 무언지 도통 알지 못하겠다는 거다."[51] 여성들은 남성의 타자로 존재했고 남성적 '나'에서 소외되었다. 자아를 찾는 여성의 목소리가 더 많이 필요한 이유다.

차학경의 소설《딕테》의 산만함을 나는 비로소 '이해'한다. '딕테 ditée'는 프랑스어로 '받아쓰기'를 뜻한다. 일상의 '받아쓰기'를 통과한

후 만들어지는 나의 언어가 "속에서 들끓는다. 상처, 액체, 먼지, 터뜨려야 한다. 배설해야 한다."[52] 예전에는 '전위적인', '포스트식민주의' 등으로 설명되는 이론적 차원에서 냉정하게 바라보았다면, 지금 나는 감정적 동요를 끌어안고 말과 말 사이를 오간다. 받아쓰는 행위는 "좁게는 말하기 연습이나 발화 가능성에 대한 탐색으로, 넓게는 원본에의 저항 및 훼손 나아가 원본의 폐기로까지 볼 수 있다."[53] 영어, 프랑스어, 라틴어, 한국어 그리고 한자로 구성된《딕테》는 그 언어의 다양성만큼 작가의 정체성이 개입한다. 하나의 정체성으로 설명될 수 없는 '나'는 이주를 통해 이루어졌다. 복수의 장소에서 복수의 목소리를 품은 수많은 '나'들이 경합한다.

　2017년 8월 미국의 샬러츠빌Charlottesville 테러 이후 울려 퍼진 "백인의 생명은 중요하다White Lives Matter"는 목소리는 수많은 정체성의 틈을 사유하지 않고, 이 틈을 인정하지 않는 태도이다. '인종'은 생물학적 개념이라기보다 정치적이며 사회적인 관계에서 만들어진 근대적 발명품이다. 특히 자본주의는 계층의 연대를 방해하기 위해 인종주의를 필요로 한다. 대중의 분노를 체제가 아니라 다른 인종에게 쏟아내도록 이끈다. 다인종 사회에서 비백인은 곧 이 장소에서 몰아내도 괜찮은 이방인이다. 상대적으로 인종 구성이 복잡하지 않은 한국 사회가 이 분노를 여성혐오로 '해소'하듯이. 인종과 성별을 내세움으로써 장소의 주인이 되어 지배계급과 자신을 동일시하는 착각은, 계급의식을 분쇄하고 싶은 자본주의가 대중에게 정확히 바라는 바다.

천재와 미친년

2017년 9월 두 '천재'에 대한 부고 기사를 본다. 한 사람은 '천재 교수', '비운의 천재', '야한 천재', '공공의 적이 된 천재'로 불리며 불화했던 세상을 떠났다고 한다. 모두가 아는 마광수 교수다. 이 '천재'만큼 한국에서 관심을 받진 않으나, 한 언론이 "천재 페미니즘 이론가"라고 이름을 붙여준 또 다른 사람은 《성 정치학Sexual Politics》의 저자 케이트 밀렛Kate Millett이다. 두 사람 모두 각자의 방식으로 세상에 화두를 던졌다. 마광수는 생전 "'영웅'을 기다리거나 숭배하는 것에 비해 '천재'를 우대하거나 보호하는 데는 인색한 사회 분위기"[54]를 비판했다.

소설이 사법적 영역에 들어가 재판의 대상의 되고 작가가 구속된 사건은 개인에게도 사회에게도 매우 불행하다. 1992년 어처구니없이 그가 구속당하면서 우리 사회는 문학적 상상력이 확장되고 성장할 기회를 함께 잃었다. 안타까운 또 다른 사실은 그의 작품이 제대로 비판받을 기회조차 상실했다는 점이다. 검열이라는 제도 아래에서 그 희생자의 창작물은 비판하기 어렵다. '피해자'가 된 사람의 작품에 대해 말하는 순간, 상처를 후벼 파는 짓이 된다. 그렇게 문학성을 논할 기회를 차단당했다. 사후 쏟아지는 천재라는 호명을 마뜩잖게 바라보는 이유다. 그에게 보내는 '천재'라는 찬사야말로 이 사회의 이중성을 보여준다.

남성이 (어디까지나 남성의 시각에 한정된) 성의 자유를 말하면 '시대'에 저항한 천재가 된다. 반면 여성이 성의 자유를 말하면 '계급에 관심 없는 중산층 엘리트 페미니스트', 간단히 '미친년'이다. 언제나 '시대의 피해자'는 남성이고, 그렇게 피해자가 되어 다른 성을 억압해도 마땅한 위치에 선다. 여성을 대상화하는 남성의 욕망을 '인간 보편의 욕망'으로 만들고, 여성은 이 대상화에 충실하도록 길러진다. 전통적으로 사랑이라는 이름이 여성을 종속시켰다면, 이러한 틀에 저항한다는 쪽에서는 욕망 해방의 이름 아래 섹시즘sexism(성차별주의)을 섹시즘sexy-sm(성적매력주의?)으로 둔갑시킨다. 섹스는 때로 남성의 여성 지배를 확인하는 수단이기도 하다. 그래서 매매와 관계, 폭력을 구별하지 못한다.

사라의 창조주는 천재가 되었을지라도, 성적 쾌락을 탐하고도 '반성하지 않은 사라'는 여전히 '미친년'이다. 강산은 변해도 '미친년'들은 시대마다 다른 이름으로 매번 탄생한다. 미친년으로 불려서 미친년이 되고 미친년이 되지 않으려다 미쳐간다. 2016년 여름에 열렸던 사진작가 박영숙의 전시명은 "미친년 발화하다"였다. 1999년부터 2005년까지 작업한 그의 '미친년 프로젝트'는 멀쩡한 미친년들을 카메라에 담은 작품이다. 의학적으로 미치지 않았더라도 사회적으로 미쳐버린 여성들이 많다. 진짜 미칠 지경. 차오르는 말로 몸이 터져버릴 듯한 순간, 발화發話하지 못해 발화發火되는 순간, 그렇게 수도 없이 미쳐버릴 것 같은 순간에 다다른다. 여성의 '미침'은 때로 자신을 억압하는 자리(역할)를 벗어나는 행동이다.

> '미친 여성'이야말로 가부장제가 자신의 존속을 위해 우선적으로 세울 수밖에 없는 금기인 것이다. 가장 상투적인 일반화의 옷을 입고 실행되는 금기 — 이것이 여성의 '미친/들린' 상태의 야누스적 얼굴이다. 프로이트의 정신분석을 탄생시켰던 독일어에서 '미치다verrückt sein'는 어원적으로 '자리를 약간 이동하다'를 의미한다. 있으라고 한 자리, 혹은 있을 것이라고 추정되는 자리에서 조금 벗어난 자리에 있는 것, 이것이 바로 '미친' 상태다.[55]

여성이 자리를 이동해 적극적으로 '미친 상태' 되기를 추구할 때 가부장제는 두려움을 느낀다. 아무리 자유와 해방을 말해도 그것은 남성 중심이기에 여성은 그 자리에 있다. 케이트 밀렛이《성 정치학》에서 D. H. 로런스David Herbert Lawrence나 헨리 밀러Henry Miller의 작품을 비판했듯이, 때로 해방을 말하는 성은 오히려 여성의 성을 더욱 '종속적인 성'으로 만든다. 예를 들어 헨리 밀러의 소설《섹서스Sexus》에서 다루는 성은 '자유로운 성'처럼 보이지만 남성이 주도하는 성이다. 남자 주인공은 순진한 여자를 정복해 제 매력을 과시하려 들지만, 성적으로 자유로운 여자는 남자에게 벌을 받는다. 밀렛은 이 작품을 시작으로 문학에서 다루는 성이 어떻게 권력관계를 드러내는지 분석한다. 이미 시몬 드 보부아르가 《제2의 성Le Deuxieme Sexe》을 통해 비판한 바 있듯이, 로런스의 작품에서도 여성의 성은 남성에게 '주는' 성이다.

이처럼 밀러나 로런스가 다루는 성은 이성애 안에서 여성을 '다루는' 남성의 자유로운 권력에 집중되어 있다. 여성을 때리기도 하는 남자들의 행동은 약자를 향한 폭력이라기보다는 '맞을 짓'을 한 여자를 응징하는 남자의 행동으로 그려진다. 여성은 결국 남성의 소유물이 되거나 남성에 의해 처벌받는다. 기존의 도덕관념에 저항하는 작품인 듯 보이지만 성의 권력관계를 결코 전복하지 않는다. 오히려 기존의 권력관계 안에서 남성은 여성을 성적으로 더 '자유롭게' 착취하며 폭력적이다. 여성은 이를 자연스럽게 받아들이며 더욱 식민지화된다. 그럼에도 로런스나 밀러는 나름 '성 해방'을 위해 기존의 관념에 저항했다는 평가를 받는다. 그러나 《성 정치학》을 발표한 밀렛은 유명해진 동시에 수많은 조롱과 공격에 시달렸다. '이 구역의 미친년'이 되었다. 실제로 그는 훗날 수차례 정신병원에 입원했다.

'검열의 희생자'와 '시대를 앞서 간 천재' 사이에 메꿔야 할 말이 많다. 사라의 창조주가 아니라 이제는 사라가 말할 차례다. '나'는 왜 미친년이 되었나. 게다가 사라는 과연 자유롭긴 했을까.

주

1 정재승, 〈백화점에서 남자와 여자는 왜 다른 게 궁금할까〉, 《한겨레》, 2017. 3. 25.
2 마리 루티, 《나는 과학이 말하는 성차별이 불편합니다》, 김명주 옮김, 동녘사이언스, 2017, 231쪽.
3 김귀순, 《젠더와 언어》, 한국문화사, 2011, 178쪽.
4 벨 훅스, 《모두를 위한 페미니즘》, 이경아 옮김, 문학동네, 2017. 16~17쪽.
5 Geoffrey Evans, and Pippa Norris, *A Gender-Generation Gap?*, Sage, 1999.
6 한형식, 《맑스주의 역사강의》, 그린비, 2010, 137쪽.
7 카롤린 엠케, 《혐오사회》, 정지인 옮김, 다산초당, 2017, 135쪽.
8 같은 책, 52쪽.
9 같은 책, 47쪽.
10 André Breton, "Sur la route de San Romano", *Poèmes*, Gallimard(1948)
11 휘트니 채드윅, 《여성, 미술, 사회》, 김이순 옮김, 시공아트, 2006, 183쪽.
12 가네코 후미코, 《무엇이 나를 이렇게 만들었는가》, 정애영 옮김, 이학사, 2012.
13 〈인천 콘크리트 바다 속 백골 시신, '20대 여성 알몸' 추정…사인도 확인되지 않아〉, 《조선일보》, 2016.5.15(http://news.chosun.com/site/data/html_dir/2016/05/15/2016051500446.html).
14 〈"말조심해야지" 강남 묻지마 살인에 위축된 남성들〉, 《국민일보》, 2016.5.23(http://news.kmib.co.kr/article/view.asp?arcid=0010636798&code=61121111&cp=nv〉).
15 권인숙, 〈이십대 여성 가방 속 콘돔, 세상을 바꾼다〉, 《한겨레》, 2016. 7. 27.
16 Neil Simon, "The Good Doctor Paperback", *Samuel French*, 1974.
17 고정희, 《모든 사라지는 것들은 뒤에 여백을 남긴다》, 창비, 1992, 제1부 〈밥과 자본주의─몸바쳐 밥을 사는 사람 내력 한마당〉.

18 마리아 미즈, 《가부장제와 자본주의》, 최재인 옮김, 갈무리, 2014, 145쪽.

19 〈좋은 악기는 울림부터가 다른 법! 나는 과연 명기?〉, 《레이디 경향》, 4월호, 2005(http://lady.khan.co.kr/khlady.html?mode=view&code=10&artid=6205).

20 길리언 플린, 《몸을 긋는 소녀》, 문은실 옮김, 푸른숲, 2014, 314쪽.

21 Martha M. Lauzen, *The Celluloid Ceiling: Behind-the-Scenes Employment of Women in the Top 100, 250 and 500 Films of 2015*, San Diego State University, 2016.

22 강영숙, 〈죽음의 도로〉, 《서울, 어느 날 소설이 되다》, 강, 2009, 142쪽.

23 토머스 하디, 《테스》, 이종구 옮김, 문예출판사, 2008.

24 김경숙, 〈처녀(지) 겁탈 그리고 제국주의: 하디의 『테스』 다시읽기〉, 한국외국어대학교 영미연구소, 26권, 2012년, 3~24쪽.

25 최태만, 〈1980년대 한국미술에 나타난 여성과 노동〉, 이화여자대학교 창립 120주년 기념 특별전 "여성, 일, 미술 — 한국미술에 나타난 여성의 노동" 학술 심포지움, 2006.

26 김연수, 《네가 누구든 얼마나 외롭든》, 문학동네, 2012, 43쪽.

27 전경옥, 《풍자, 자유의 언어 웃음의 정치》, 책세상, 2015, 449쪽.

28 권현정 외, 《페미니즘 역사의 재구성 : 가족과 성욕을 둘러싼 쟁점들》, 공감, 2003, 150쪽.

29 〈여성들 '길거리 화장' 자제하길〉, 《조선일보》, 2016.7.22(http://news.chosun.com/site/data/html_dir/2016/07/21/2016072103254.html); 〈출근길 지하철에서 예뻐지는 사람들〉, 《연합뉴스》, 2016.9.20(http://www.yonhapnews.co.kr/interactive/2016/09/19/2700000000AKR20160919161900797.HTML).

30 다니엘 페나크, 《몸의 일기》, 조현실 옮김, 문학과지성사, 2015, 228쪽.

31 도리스 레싱, 〈데비와 줄리〉, 《런던스케치》, 서숙 옮김, 민음사, 2003, 228쪽.

32 박이은실, 《월경의 정치학》, 동녘, 2015, 23쪽.

33 같은 책, 129쪽.

34 조순경 엮음, 《노동과 페미니즘》, 이화여자대학교출판부, 2000, 46쪽.

35 〈박헌영의 아내, 이런 사람이었을 줄이야〉, 《오마이뉴스》, 2016.1.27(http://www.ohmynews.com/NWS_Web/Mobile/at_pg.aspx?CNTN_CD=A0002178242#cb).

36 〈쯔위에 성내는 중국인, 그들만의 잘못인가〉, 《프레시안》, 2016.1.28(http://www.pressian.com/news/article.html?no=132896).

37 도린 매시, 《공간, 장소, 젠더》, 정현주 옮김, 서울대학교출판문화원, 2015, 49쪽.

38 같은 책, 327쪽.

39 그레젤다 폴록, 〈모더니티와 여성성의 공간〉, 《모더니즘 이후, 미술의 화두》, 윤난

지 엮음, 눈빛, 2000, 452쪽.

40 〈택시기사가 성폭행 시도 … 금품 빼앗고 도주〉, YTN, 2016.9.24(http://www.ytn.co.kr/_ln/0103_201609241242087192).

41 헤스터 아이젠슈타인, 《현대여성해방사상》, 한정자 옮김, 이화여자대학교출판부, 1989, 91쪽.

42 버지니아 울프, 《자기만의 방》, 이미애 옮김, 민음사, 2006, 56쪽.

43 마사 너스바움, 《혐오와 수치심》, 조계원 옮김, 민음사, 2015, 380쪽.

44 이정교 외, 〈한국 신문에 나타난 강간보도의 통시적 분석〉, 《한국언론정보학보》, 45권 1호, 2009.

45 〈김훈 작가 '쌓은 것 잃을까 봐 두려운 사람들 태극기 들어〉, 《오마이뉴스》, 2017. 2. 7(http://www.ohmynews.com/NWS_Web/View/at_pg.aspx?CNTN_CD=A0002296465).

46 2017년 1월에 세 아이를 둔 여성 공무원이 과로로 숨지자, 문재인 후보는 사망한 공무원을 추모하며 페이스북에 이와 같은 발언을 적었다.

47 박수길, 《그동안 우리가 몰랐던 외교 이야기》, 비전코리아, 2014.

48 델핀 쿨랭, 《웰컴, 삼바》, 이상해 옮김, 열린책들, 2015, 284쪽.

49 린다 맥도웰, 《젠더, 정체성, 장소》, 여성과공간연구회 옮김, 한울, 2010, 25쪽.

50 버지니아 울프, 《파도》, 박희진 옮김, 솔출판사, 2004, 396쪽.

51 같은 책, 176쪽.

52 차학경, 《딕테》, 김경년 옮김, 어문각, 2004, 13쪽.

53 이정옥, 〈테레사 학경 차의 '딕테'에 나타난 받아쓰기 양상〉, 《유럽사회문화》, 10권, 2013, 165~198쪽.

54 마광수, 〈천재에 대하여〉, 마광수 블로그, 2008.

55 이화여자대학교 한국여성연구원, 《지구화 시대의 현장 여성주의》, 이화여자대학교출판부, 2007, 270쪽.

참고문헌

가네코 후미코, 《무엇이 나를 이렇게 만들었는가》, 정애영 옮김, 이학사, 2012.

권김현영 외, 《성의 정치, 성의 권리》, 자음과모음, 2012.

권여선 외, 《서울, 어느 날 소설이 되다》, 강, 2009.

권현정 외, 《페미니즘 역사의 재구성: 가족과 성욕을 둘러싼 쟁점들》, 공감, 2003.

규장각한국학연구원, 《조선 사람의 세계여행》, 글항아리, 2011.

길리언 플린, 《몸을 긋는 소녀》, 문은실 옮김, 푸른숲, 2014.

김경숙, 〈처녀지 겁탈 그리고 제국주의: 하디의 〈테스〉 다시 읽기〉, 《영미연구》, 제26권, 2012.

김귀순, 《젠더와 언어》, 한국문화사, 2011.

김애란, 《비행운》, 문학과지성사, 2012.

김연수, 《네가 누구든, 얼마나 외롭든》, 문학동네, 2007.

김원동, 《현대사회학의 이해》, 일신사, 2000.

김이듬, 《한국 현대 페미니즘 시 연구》, 국학자료원, 2015.

김현경, 《사람, 장소, 환대》, 문학과지성사, 2015.

다니엘 페나크, 《몸의 일기》, 조현실 옮김, 문학과지성사 2015.

델핀 쿨랭, 《웰컴, 삼바》, 이상해 옮김, 열린책들, 2015.

도리스 레싱, 《런던 스케치》, 서숙 옮김, 민음사, 2003.

도린 매시, 《공간, 장소, 젠더》, 정현주 옮김, 서울대학교출판문화원, 2015.

린다 맥도웰, 《젠더, 정체성, 장소》, 여성과 공간 연구회 옮김, 한울, 2017.

마가렛 L. 앤더슨, 《성의 사회학》, 이동원 외 옮김, 이화여자대학교출판부, 1989.

마리 다리외세크, 《암퇘지》, 정장진 옮김, 열린책들, 2017.

마리 루티, 《나는 과학이 말하는 성차별이 불편합니다》, 김명주 옮김, 동녘사이언스,

2017.

마리아 미즈,《가부장제와 자본주의》, 최재인 옮김, 갈무리, 2014.

마사 너스바움,《혐오와 수치심》, 조계원 옮김, 민음사, 2015.

매릴린 옐롬,《아내의 역사》, 이호영 옮김, 책과함께, 2012.

박이은실,《월경의 정치학》, 동녘, 2015.

박이은실 외,《그럼에도, 페미니즘》, 은행나무, 2017.

배옥주, 〈국제결혼 이주 여성의 장소 정체성 상실: 공선옥의 〈가리봉 연가〉를 중심으로〉,
    《젠더와 문화》, 제6권 제2호, 2013.

버지니아 울프,《파도》, 박희진 옮김, 솔출판사, 2004.

벨 훅스,《모두를 위한 페미니즘》, 이경아 옮김, 2017.

설혜심,《그랜드 투어》, 웅진지식하우스, 2013.

셀라 레웬학,《여성노동의 역사》, 김주숙 옮김, 이화여자대학교출판부, 1995.

스튜어트 홀,《문화, 이데올로기, 정체성》, 임영호 옮김, 컬처룩, 2015.

시몬느 드 보부아르,《제2의 성 (상·하)》, 조흥식 옮김, 을유문화사, 1993.

심진경,《여성과 문학의 탄생》, 자음과모음, 2015.

심진경 외,《세계 문학 속의 여성》, 경북대학교출판부, 2011.

여성문화이론연구소,《페미니즘의 개념들》, 동녘, 2015.

연세대학교 동서문제연구원 호주연구센터,《현대 호주사회의 이해 1》, 한국학술정보,
    2011.

윤난지 엮음,《모더니즘 이후 미술의 화두》, 눈빛, 1999.

윤태일, 〈여성의 날씬한 몸에 관한 미디어 담론 분석〉,《한국언론학회》, 제48권 제4호,
    2004.

이경재,《다문화 시대의 한국 소설 읽기》, 소명출판, 2015.

이경재,《한국 현대문학의 공간과 장소》, 소명출판, 2017.

이난아,《오르한 파묵》, 민음사, 2013.

이정교 외, 〈한국 신문에 나타난 강간보도의 통시적 분석〉,《한국언론정보학회》 제45호,
    2009.

이정옥, 〈테레사 학경 차의 '딕테'에 나타난 받아쓰기의 양상〉,《유럽사회문화》, 제10호,
    2013.

이화여자대학교 한국여성연구원,《지구화 시대의 현장 여성주의》, 이화여자대학교출판
    부, 2007.

이화여자대학교박물관,《미술 속의 여성: 한국과 일본의 근현대 미술》, 이화여자대학교
    출판부, 2003.

일레인 쇼월터,《페미니스트 비평과 여성문학》, 신경숙 외 옮김, 이화여자대학교출판부,
 2004.

전경옥,《풍자, 자유의 언어, 웃음의 정치》, 책세상, 2015.

정현주, 〈이주, 젠더, 스케일: 페미니스트 이주 연구의 새로운 지형과 쟁점〉,《대한지리학회
 지》, 제43권 제6호, 2008.

조순경,《노동과 페미니즘》, 이화여자대학교출판부, 2000.

질리언 로즈,《페미니즘과 지리학》, 정현주 옮김, 한길사, 2011.

차학경,《딕테》, 김경년 옮김, 어문각, 2004.

천정환, 〈강남역 살인사건부터 메갈리아 논쟁까지': '페미니즘 봉기'와 한국 남성성의 위
 기〉,《역사비평》, 2016 가을(통권 116호), 2016.

최태만, 〈1980년대 한국미술에 나타난 여성과 노동〉, 이화여자대학교 창립120주년 기념
 특별전 '여성, 일, 미술: 한국미술에 나타난 여성의 노동' 학술심포지엄, 2006.

카롤린 엠케,《혐오사회》, 정지인 옮김, 다산초당, 2017.

코델리아 파인,《젠더, 만들어진 성》, 이지윤 옮김, 휴머니스트, 2014.

토머스 하디,《테스》, 이종구 옮김, 문예출판사, 2008.

파올라 니콜슨 외,《여성건강심리학》, 장연집 옮김, 이화여자대학교출판부, 2001.

한국여성민우회,《뚱뚱해서 죄송합니까》, 후마니타스, 2013.

한림미술관,《몸과 미술》, 이화여자대학교출판부, 1999.

한형식,《맑스주의 역사강의》, 그린비, 2010.

헤스터 아이젠슈타인,《현대여성해방사상》, 한정자 옮김, 이화여자대학교출판부, 1989.

휘트니 채드윅,《여성, 미술, 사회》, 김이순 옮김, 시공사, 2006.

André Breton, *Sur la route de San Romano*, Poèmes, 1948.

Eileen Power, *Medieval women*, Cambridge University Press, 1997.

Geoffrey Evans and Pippa Norris, *A Gender-Generation Gap*, Sage, 1999.

Georgiana Colviles, *Scandaleusement d'elle*, Jean Michel Place, 1999.

Martha M. Lauzen, "The Celluloid Ceiling: Behind-the-Scenes Employment of
 Women in the Top 100, 250 and 500 Films of 2015", San Diego State University,
 2016.

Neil Simon, *The Good Doctor*, Samuel French, 1974.

Whitney Chadwick, *Women Artists and the Surrealist Movement*, Thames & Hudson,
 1991.